G. A. Bondarew

Die Ereignisse in der Ukraine und ein mögliches Szenario der Zukunft

1. Teil

„Der geisteswissenschaftliche Gesichtspunkt kann nicht der sein, etwa eine soziale Kritik zu geben, sondern lediglich der, ohne Pessimismus und ohne Optimismus auf das hinzuweisen, was ist.“

Rudolf Steiner, Vortrag vom 1. Dez. 1918 (GA 186, S. 56)

Gennadij Bondarew

Die Ereignisse in der Ukraine und ein mögliches Szenario der Zukunft

1. Teil

Essays

Basel
2014

Aus dem Russischen von Sonja Pugatschov

Bibliografische Information der Deutschen Nationalbibliothek: Die Deutsche Nationalbibliothek verzeichnet diese Publikation in der Deutschen Nationalbibliografie; detaillierte bibliografische Daten sind im Internet über http://dnb.dnb.de abrufbar.

2. Auflage

Herstellung und Verlag:
BoD – Books on Demand, Norderstedt

ISBN: 978-3-7347-3996-5

Inhalt

In diesen Essays findet der Leser die Beschreibung einer Reihe heutiger politischer Ereignisse, eng verflochten mit der Darlegung einer Reihe von Prinzipien der Methodologie der Geisteswissenschaft Rudolf Steiners; wobei letztere wesentlich überwiegt. Dem sensationsheischenden Leser wird dies abgrundtief langweilig scheinen; und diese Tatsache wird uns freuen, denn wir wenden uns an den Leser, der fähig ist nachzudenken, im Erkenntnisprozess seine Bewusstseinsseele zu beflügeln, die zur Grundlage einer jeglichen Erscheinung vorzudringen vermag. Diese Grundlage aber ist häufig außerordentlich tiefgründig – wie man so sagt, „nicht von dieser Welt“. (Es sei zudem die Anmerkung gestattet, dass der Inhalt der Essays stark komprimiert ist, und es wäre angebracht, sie nicht einfach nur zu lesen, sondern sich deren Inhalt ein wenig zu erarbeiten.)

I. Historische Symptomatologie

Die historische Symptomatologie stellt einen der bedeutendsten Problemkreise der allgemeinen anthroposophischen Methodologie dar. Sie besagt, dass sämtliche Fakten und Ereignisse der Weltgeschichte lediglich als *Symptome* der Geschehnisse auf der Ebene der übersinnlichen Wirklichkeit betrachtet werden, wo die reellen rein geistigen Subjekte ihr Dasein haben, wo die geistigen Impulse der äußerlichen Phänomenologie der Geschichte, deren primäre Phänomene, die *Ur-Phänomene*, entstehen, sich metamorphosieren und vergehen.

Der Historiker wie der Politiker und der Soziologe wird in seinen wissenschaftlichen Forschungen nur dann einen soliden Boden finden, wenn er zur Erkenntnis dieser Ur-Phänomene vordringt. Eine solche Arbeit ist von besonderer Bedeutung nicht allein für die Erkenntnis, sondern auch für die Persönlichkeitswerdung des Wissenschaftlers selbst im Hinblick auf die Eigenart der Bewusstseinsseele, deren Ausprägung in unserer, der fünften nachatlantischen Kuturepoche, die vordringliche Aufgabe des Menschen ist.

Die Seele des Menschen ist dreigliedrig. Das wussten bereits die Griechen der Antike. Aristoteles nannte diese Wesensglieder orektikon, kinêtikon und dianoêtikon. In der Geisteswissenschaft nennt Rudolf Steiner sie die Empfindungsseele, die Verstandes- oder Gemütsseele sowie die Bewusstseinsseele. Ihre Entwicklung liegt dem gesamten kulturhistorischen Prozess zugrunde.

Die Empfindungsseele erreicht ihre besondere Entfaltung als die Seele der Ästhetik, was sich in der Kulturgeschichte besonders glanzvoll zum Beispiel in der Epoche der Renaissance manifestierte, in der italienischen Malerei, der italienischen Musik. Die Verstandesseele bedingt den Charakter der Epoche der französischen Aufklärung. Voltaire und die Enzyklopädisten schufen ihre Werke aus ihr heraus. Die Bewusstseinsseele hat bislang ihre Epoche noch nicht hevorgebracht. Im großen, weltübergreifenden Maßstab manifestiert sie sich in der angelsächsischen Politik, denn der angelsächsischen Ethnie ist sie – da, um es in der Sprache der Bürokraten auszudrücken, auf der Tagesordnung der Entwicklung einer ganzen Epoche – angeboren. Den Angelsachsen sind die Anlagen der Bewusstseinsseele bereits in die Wiege gelegt, und dies setzt die Erweiterung des unmittelbaren Interesses der einzelnen Individualität hin zu den Interessen der gesamten Menschheit voraus. Insofern geht die Angelsachsen alles auf der Welt etwas an. Da aber alles Angeborene den Charakter des Instinktiven trägt, so ist die britische bzw. nunmehr die britisch-amerikanische Politik eine eng beschränkte, egoistische. Wird der nationale Egoismus der regierenden Gruppen dieser Länder nicht in irgendeiner Form überwunden, so hat er die Tendenz zum Grenzenlosen. Dies ist der Grund dafür, dass man dort nach der Weltherrschaft strebt.

In der Empfindungsseele lebt sich der Mensch in erster Linie in der Sinneswelt aus. Wird ihre Entwicklung nicht veredelt, so wird der Mensch zur Marionette seiner Neigungen, Leidenschaften, Begierden. Wie Wogen spülen sie die Argumente seiner Vernunft, die Macht seines Verstandes hinweg, und ob ein solcher Mensch nach außen hin als gut oder böse erscheint, hängt zum großen Teil nicht von seiner Persönlichkeit ab, sondern von den äußeren Umständen, denen auch seine spontanen inneren Stimmungen zuzurechnen sind. In der Regel sind Menschen, deren Charakter von der Empfindungsseele dominiert wird, heute Anhänger einer Vielzahl verschiedenster Sekten; aus deren Reihen rekrutieren die politischen Akteure ihr „Elektorat“. Sie werden von der Weltpolitik benutzt, wenn es gilt, Massenunruhen, politische Proteste etc. auszulösen.

In der Verstandesseele lebt der denkende Mensch. Indem er sich seiner harmonischen Entwicklung widmet, lässt ein solcher Mensch die Erziehung seiner Empfindungsseele, ihrer ästhetischen und ethischen Entwicklung nicht außer Acht und befreit seinen Verstand so von den Anwandlungen des Chaotischen. In den Entscheidungen seines Geistes lässt er sich so von den guten Empfindungen leiten. Von einem solchen Menschen heißt es, sein Verstand sei mit seinem Herzen im reinen. Jedoch neigt der denkende Mensch dazu, dem Dogmatismus anheim zu fallen, und insofern ist auch er leichte Beute für verschiedene Formen der Manipulation, wird zum kritiklosen, blinden Apologeten unterschiedlicher Ideologien, Weltanschauungen, politischer Programme usw. Ein solcher Mensch kann das „Elektorat“ manipulieren und ist dabei doch selbst ungemein leicht zu lenken. Dazu zählen in unserer Welt im Grunde alle führenden Politiker. Bereits die Politiker zu Beginn des 20. Jahrhunderts sind zu dieser Kategorie zu zählen, und ebendeshalb gelang es den mächtigen okkult-politischen Kräften der Geheimgesellschaften, die Zivilisation in ein furchtbares Chaos zu stürzen. Auch droht der Verstandesseele eine übermäßige Abstraktheit, die die Sinne austrocknet, und auf diesem Wege bildet sich ein, wenn auch kluger, so doch, sagen wir, unmenschlicher Mensch heraus.

Als gemeinsames „Geschwür“ ist allen drei Seelen ihr Egoismus gemein, der sie zersetzt und ihren Niedergang bedingt. Dieser Umstand ist besonders problematisch, denn auf der anderen Seite ist es eben wiederum der Egoismus, der es dem Menschen erlaubt hat, das Gruppenbewusstsein zu überwinden und sich als Persönlichkeit auszuprägen.

Im Prozess der Ausprägung der dreigliedrigen Seele, der sich bereits über mehrere Jahrtausende erstreckt, da ihm die Wandlung der dreigliedrigen Leiblichkeit – des physischen, des ätherischen und des Astralleibes – zugrunde liegt, hat der Mensch zunächst seine primäre Individualisierung ausgeprägt, das niedere Selbst, das aus den individualisierten Sinneswahrnehmungen und Reflexionen heraus lebt. Um dies zu erreichen, musste er sich dem Gruppenbewusstsein seines Stammes, seines Klans, seiner Nation entgegenstellen, sich ihm entfremden, er begann, sich im Leben individuelle Ziele zu stecken, rein persönliche Interessen zu verfolgen, er musste lernen, in der Welt auf eigenen Füßen zu stehen. Bis heute sind diejenigen, denen dies nicht gelungen ist, auf der Suche nach einem Gruppenbewusstsein, dem sie sich anschließen können. So ist beispielsweise zu erklären, dass sich etliche ehemalige Mitglieder der kommunistischen Partei nach deren Niedergang wie ein Fisch auf dem Trockenen fühlten. Sie waren gänzlich unfähig, auf eigenen Füßen zu stehen, geschweige denn, sich als freie Persönlichkeit zu entfalten. Daher wurde jene Partei partiell wiederhergestellt; und auch die neueren Parteien haben eine Vielzahl solcher, man kann schon sagen, geistiger Invaliden, in ihre Reihen aufgenommen. Und das bleiben sie auch, selbst wenn sie sich zu den sogenannten westlichen Werten der Demokratie bekennen.

Das Durchlaufen des Stadiums der Individualisierung, verbunden mit einer Verschärfung des Egoismus, ist eine objektive Notwendigkeit, wie abstoßend im ethischen Sinne dies zuweilen auch anmuten mag. Es ist dies einfach eine notwendige Übergangsstufe der Menschheitsevolution. Vom Standpunkt der Entwicklungsaufgaben ist es heute vorzuziehen, zu den Egoisten zu zählen, als der Hypnose der Gruppenmoral irgendeiner religiösen Sekte unterworfen zu sein.

In der Vergangenheit waren es die hochentwickelten Führer, Erzieher der Menschheit, die den Menschen beim Durchlaufen dieses schwierigen Stadiums beistanden. Die Menschen träumen bis heute davon, dass sie irgendwann wiederkehren werden. Doch ist es schon seit langem – seit der Zeit, da das Phänomen des niederen „ich" zum Massenphänomen wurde – Aufgabe der Menschen, die Lenkung ihres Lebens in die eigene Hand zu nehmen, indem sie sich auf diese niedere Individualisierung stützen. Unter diesen Bedingungen wurde die Schaffung geeigneter gesellschaftlicher, staatlicher Strukturen besonders aktuell. Es begann die Suche nach diesen Strukturen, und im Prozess dieser Suche entstanden Utopisten, Marxisten, ja selbst Faschisten usw.

Für seine Individualisierung muss der Mensch hart kämpfen, denn sie ruft einen stetig anwachsenden Widerstand jener kosmischen Mächte hervor, die der normalen Evolution entgegenstehen. Und dies geschieht in einer Zeit, da die großen Führer der Menschheit, hierarchische wie menschliche, angesichts der Individualisierung des Menschen ihre Führerschaft in die Hände einfacher Individuen legen. Eben um diese gewaltige und ungemein wichtige Aufgabe erfüllen zu können, ist es unabdingbar, das höchste Glied der Seele – die Bewusstseinsseele – sich entfalten zu lassen. Sie ist ihrer Natur nach die Seele des Wollens, und ihr Wille muss darauf gerichtet sein, Gutes zu tun. Doch kann ein Mensch nur dann Gutes tun, wenn er zu einem freien Geist wird, sein höheres „Ich“ erlangt. Dafür aber gilt es, die neue, die „anschauende Urteilskraft“ zu entwickeln, die Goethe beherrschte und die den Aufstieg des Bewusstseins zu höheren Formen einleitet.

Die Bewusstseinsseele ist überwiegend sozial. Ihr ethisches Ideal ist das „Du sollst deinen Nächsten lieben wie dich selbst“ des Evangeliums. Dafür gilt es, nicht instinktiv, sondern frei zu wollen, eine individualisierte Moral zu entwickeln, was seinerseits das Einbringen des Wollens *in das Denken* voraussetzt. Dann erst wird der Mensch, wie es Rudolf Steiner in der „Philosophie der Freiheit“ aufzeigte, die Motive seines Handelns frei gestalten, indem er sie aus der Welt der „moralischen Intuitionen“ schöpft, aus einer Welt, in der sich auch die Urphänomene des äußeren, exoterischen kulturhistorischen Prozesses finden.

Dies Ziel ist im eigentlichen Sinne erreichbar unter der Bedingung der aufstrebenden Entwicklung aller drei Seelen. Die Empfindungsseele bedarf dabei der ethischen Erziehung, die sowohl unmittelbar als auch durch die ästhetische Unterweisung vollzogen werden muss; die Verstandesseele muss das reine Denken erlernen, dessen erste Stufe das streng logische Denken ist; auf der Höhe der Bewusstseinsseele darf man nicht zurückgreifen auf eine gruppenhafte oder überlieferte Moral, sondern muss handeln aus einer Moral heraus, die dem freien Verstehen der Gesetze der höheren Entwicklung entspringt. Die gesamte Welt des höheren Geistes, der wir zu Lebzeiten zustreben und in die wir nach dem Tode eingehen, ist zutiefst ethisch. Die Ethik ist daselbst so natürlich wie, sagen wir, das Sonnenlicht unter den Bedingungen des materiellen Daseins natürlich ist. Künftig wird der Mensch allein in der geistigen Welt leben, und es ist heute an der Zeit, sich darauf vorzubereiten. Die einzige Alternative dazu ist das völlige Nicht-Sein.

Dank dem Erlangen des reinen Denkens durch die Verstandesseele (das ohne die Läuterung der Sinne nicht möglich ist) beginnt die Bewusstseinsseele, die Gedanken nicht zu durchdenken, sondern sie unmittelbar in den Objekten der Erkenntnis *wahrzunehmen*, d. h. wahrnehmend, in der Anschauung zu denken. Das bedeutet für den Menschen das Erlangen seiner nachfolgenden Evolutionsstufe, was im Grunde genommen einer individuell hervorgerufenen *Artenmetamorphose* gleichkommt.

Um sich das wahrnehmende Denken mittels der anschauenden Urteilskraft anzueignen, gibt es keine bessere Übung als die Beschäftigung mit der historischen Symptomatologie. *Es ist dies die am einfachsten zugängliche Form des wahrnehmenden Denkens.* In diesem Sinne kann man sagen, dass die Anthroposophen „sich mit Politik beschäftigen“.

Ein Mensch, der das höhere Selbst erlangt, beginnt zu begreifen, dass die Menschheit eine *Einheit* ist, dass es niemandem gegeben ist, in seiner Entwicklung voranzukommen, wenn er die Interessen und Rechte anderer mit Füßen tritt. Es ist an ihm, zum Zentrum des ausströmenden Guten zu werden, das Gute zu *wirken*, indem er *das Böse zum Guten wandelt* – sowohl in sich selbst als auch im sozialen Leben.

Die ganze Welt bewegt sich vorwärts vermittels des Widerstreits und Kampfes von Gut und Böse. Das Böse aber ist zu verstehen (selbstverständlich ohne es in irgendeiner Form zu befürworten) als ein unabdingbares Ferment der Entwicklung. Es wurde unabwendbar, sobald der Mensch zur Entwicklung seiner Individualität vordrang.

Man bekommt von den heute lebenden Menschen zuweilen zu hören: Ich wünsche keine höhere Entwicklung; sie ist doch sehr mühselig; ich möchte einfach nur leben. Doch ist es so, dass es niemandem gegeben ist, „einfach nur zu leben". Daran, wie ein Mensch lebt, sind buchstäblich Legionen verschiedenartigster geistiger Wesenheiten interessiert. Und ihr Interesse ist, wie man so sagt, ein „brennendes", denn vom Wesen des Lebens eines Menschen, davon, ob er sich fortentwickelt oder, im Gegenteil, degradiert, hängt auch deren Dasein ab. Uns so hat ein jeder Mensch zwingend für sich selbst zu entscheiden, welche Geister es sind, auf deren Seite er stehen möchte. „Einfach nur leben", „leben nach meinem Gusto" bedeutet gleichsam den freien Fall, bei dem man sich sagt: Was soll mir der rettende Fallschirm! Ich liebe es, einfach nur zu fallen – welch faszinierendes Gefühl!

Alles ist einer Entwicklung unterworfen, und die Entwicklung verläuft in Etappen. Wer am Ende einer solchen Etappe nicht reif ist für das Erklimmen der nächsten, bleibt zwangsläufig zurück. Irgendwo dort, ganz weit unten, auf der letzten Stufe des Zurückbleibens wird der eine oder andere gleichsam das kosmische „Plauz" seines Daseins erleben und vernehmen. Auf dem Weg dahin aber erwartet ihn ein fortschreitendes Verschwinden im Gruppenbewußtsein, in dem alles Individuelle nach und nach vergeht. Auf einer bestimmten Stufe wird man mit dem Bewusstsein eines modernen Tieres leben müssen, um irgendwann zu einer Art „Ausgangston" zu gehören, aus der die mächtigen, dem Gott der wollenden Evolution feindlich gegenüberstehenden, kosmischen Wesenheiten eine eigene Evolution formen wollen. Welcher Art diese sein wird, das vermag heute niemand zu sagen. Eines aber ist bereits jetzt klar: Die Menschen, die sich in unserem Evolutionszyklus herausgebildet haben, wird man dort nicht finden. Dies alles muss man sich vor Augen führen, bevor man sich entschließt, weiterhin „einfach nur zu leben".

Solcherart stellen sich die Perspektiven der Zukunft dar, die durchaus dazu angetan sind, den Menschen in Angst zu versetzen, die ihm bedrohlich werden, wenn im Kampf von Niederem und Höherem, von Gut und Böse, das Niedere und Böse die Oberhand gewinnt. Im globalen Maßstab wird dies niemals geschehen, jedoch sagt dies nichts aus über das Schicksal des einzelnen Menschen, das er in jede beliebige Richtung zu wenden vermag. Das Verständnis dieser Tatsache soll uns nicht einschüchtern – denn schon das Gefühl der Furcht allein ist ein Anzeichen für den Niedergang, die Erniedrigung, das zunehmende Beherrscht-Werden des Menschen durch Ahriman –, sondern uns zu einem ernsthaften Verhältnis dem eigenen Leben gegenüber ermutigen.

* * *

Im Prozess der kulturhistorischen Entwicklung vollzieht sich in der geistigen, sozialen, politischen, alltäglichen, ja in jeglicher Sphäre des menschlichen Lebens der Widerstreit zwischen Vergangenem und Gegenwärtigem, zwischen engstirnigem Egoismus, der seine Zeit bereits hinter sich hat, und der aufkeimenden wahren geistigen Liebe. Dieser Kampf ist so allbeherrschend, dass man nicht sagen kann, ob es die Welt, wie wir sie heute kennen, morgen noch geben wird. Die Entwicklung hat eine Vielzahl sehr verschiedener Alternativen. Sie gleicht einem fließenden Gewässer – staut man es an einer

Stelle auf, so bahnt es sich einen neuen Weg. Jedoch ist nicht jeder Weg gleich gut für den Menschen. Er benötigt gleichsam optimale Wege, und diese müssen erkämpft werden. Und je besser der Weg, je schneller also die Entwicklung, desto größerer Kraftanstrengung bedarf es dafür. Damit dieser Kampf richtig und erfolgreich ist, braucht es zuallererst ein verläßliches Verständnis der Geschehnisse. Aus dem Verstehen, nicht aber aus den Gruppeneingebungen – wie verführerisch diese zuweilen auch sein mögen – müssen die Impulse der Arbeit zum wahren Wohle der Menschheit erwachsen. Und so ist die Fähigkeit, das, was in den verschiedenen Lebensbereichen vor sich geht, richtig zu verstehen – sei es im historischen, im sozialen, im politischen, ja in jedem beliebigen Bereich – die *Grundanforderung* an den Menschen in der Epoche der Entwicklung der Bewusstseinsseele. *Und dies Verständnis muss im geistig-wissenschaftlichen Sinne erworben werden*, denn die einheitliche Realität ist eine sinnlich-übersinnliche.

Demjenigen, der die Wahrheit zu erkennen und für sie zu kämpfen tatsächlich bereit ist, stellt die Anthroposophie die Aufgabe, *bei dieser Tätigkeit jeglicher Sympathie und Antipathie zu entsagen.* Als eine Eigenschaft der Empfindungsseele sind Sympathie und Antipathie notwendig, zumal auf der ersten ihrer Entwicklungsstufen; im weiteren jedoch werden sie zu einem ernsthaften Hindernis, zum Quell von Verirrungen, denn die Wahrheit, in das Licht von Sympathie oder Antipathie getaucht, ist keine Wahrheit mehr, sondern wird zur Privatmeinung.

Die geistig-wissenschaftliche Erkenntnis der historischen Symptomatologie sollte ohne Vorurteile, mit Gelassenheit erfolgen. Dies umso mehr, als alles, was äußerlich geschieht, an sich zunächst einmal wenig Aussagekraft hat. Es ist immer Ausdrucksform von etwas gänzlich anderem. Der Gang der Geschichte ist gleichnishaft. Die äußere Welt ist in der Tat gleichsam ein großes Theater. Im gesellschaftlichen, politischen Leben ist primär das, was man das „Drehbuch“ nennen kann, nach dem man ein sozialpolitisches Drama inszeniert. Für das Schreiben solcher „Drehbücher“ kämpfen die Weltenmächte: die okkult-politischen auf dem physischen Plan und die geistigen auf dem übersinnlichen. Und selbst wenn die Ereignisse einen in der Realität tragischen Charakter annehmen, sollte man auch dann nicht aus den Augen verlieren, dass sie tiefergehende, über den flüchtigen Augenblick hinausgehende Ursachen haben: den unverantwortlich in die Länge gezogenen Zustand des Schlafes des Verstandes, das Karma – das persönliche, das Gruppenkarma, das Karma der Epoche, des Volkes usw.

Man kann natürlich einwenden: Selbst wenn ich begreife, dass das, was vor sich geht, eine Inszenierung ist, so kann ich nicht umhin die „Regisseure“ dieser grausamen, unmenschlichen Dramen zu hassen. Eine solche Meinung, solche Gefühle sind unschwer nachzuvollziehen, und doch zeugen sie von einem ungenügend tiefen Verständnis der Gesetze des Karma, dessen, dass jeder Mensch ebenso wie Gruppen von Menschen gemeinsam die Schöpfer all dessen sind, was mit ihnen in ihrem irdischen Dasein geschieht. Zudem trüben Hass, ja auch übermäßige Empörung das Bewusstsein, den klaren Blick für die Dinge, sie rufen einzig das Bestreben hervor, auf Gewalt mit Gewalt zu antworten. Hier nun kommen die Theorien von Rechtmäßigkeit oder Unrechtmäßigkeit von Gewalt ins Spiel. Wir werden uns mit ihnen nicht auseinandersetzen. Für uns ist etwas anderes wichtig: dass wir, wenn wir aus dem Unverständnis oder einem falschen Verständnis heraus handeln, oftmals nicht dem Guten dienen, sondern dem Bösen. Wer hasst, der bekämpft Böses mit Bösem. Das Böse erlangt dabei immer die Oberhand.

Dies zum einen. Zum anderen aber ist die Frage nach dem weltweiten Antagonismus von Gut und Böse, nach dem Geheimnis des Bösen eines der unergründlichsten, verborgensten, „unaussprechlichen“ Geheimnisse, mit dem irdischen Verstand schwer zu erfassen. Zu dessen Ergründung schreitet man auf dem Wege der Einweihung. Das Bewusstsein eines Eingeweihten steht eine oder mehrere *Evolutions*stufen über dem des gewöhnlichen heutigen menschlichen Bewusstseins; ein solcher Mensch erschaut, dass vieles von dem, was sich ihm eröffnet, mit der modernen Sprache einfach nicht fassbar ist. Die Verstandesseele hat dies anzuerkennen und nunmehr elementare Bescheidenheit an den Tag zu legen.

Und schließlich drittens: Bereits im 4. Jahrhundert n. Chr. brachte der große Eingeweihte Mani das Grundprinzip des Umgangs des Menschen mit dem Bösen im Zusammenhang mit dem Christus-Impuls zum Ausdruck. Er sprach davon, dass alles in der Welt Existierende seinen Ursprung in Gott habe und nicht aus dieser Welt verbannt werden könne. Darunter auch das Böse nicht, das nicht ursprünglich sei, sondern erst im Prozess und zum Wohle des Prozesses der Evolution entstanden sei. Das Böse kann lediglich zum Guten metamorphosiert und so besiegt werden. *Und dies ist als Hauptaufgabe ihres Wirkens der Bewusstseinsseele zugedacht.*

So stellen sich einige der Prinzipien der Erkenntnis der historischen Symptomatologie demjenigen dar, der sie auf der Grundlage der Geisteswissenschaft erforscht, indem er sich auf deren allgemeine Methodologie stützt. Der Mensch muss seine Erkenntnisse *als Methodologe* gewinnen, nicht aber als Sammler einzelner Fakten.

Welchen objektiven praktischen Nutzen dieses Vorgehen birgt, kann nur begreifen, wer sich den dualen Charakter der einheitlichen Realität bewusst macht. Er wird dann keinen Zweifel daran haben, dass Wissen eine reale Macht darstellt. Denn die Welt der göttlichen Hierarchien ist ihrem Wesen nach eine Welt des Denkens, und zwar nicht des abbildenden, sondern des realen, schöpferischen Denkens. Indem die Hierarchien denken, wollen und erschaffen sie zugleich. Ein Mensch, der in der materiellen Welt denkt und Erkenntnisse gewinnt, trägt zu deren Denken bei, während sie ihn bei der Erschaffung der Entwicklungstendenzen einbeziehen und nutzen. Ungeachtet ihrer ungeheuren Mächtigkeit können sie dennoch nicht in die materielle Welt eintreten, die für sie nicht real ist. Hinreichend real aber ist sie für den Menschen, der sich in ihr entwickelt und somit zur Entwicklung der gesamten Welt beiträgt.

An der Weltentwicklung sind auch luziferische, ahrimanische und asurische Wesenheiten beteiligt. Sie sind es, die durch den Menschen das Böse darin erschaffen, indem sie ihn im Hinblick auf ihre einseitigen Interessen korrumpieren. Ohne Kenntnis von diesen Wesen ist der Mensch de facto nicht imstande, sich selbst, noch die Welt, noch das, was mit der Welt und dem Menschen selbst vor sich geht, zu begreifen. Rudolf Steiner gibt eine Vielzahl von Beschreibungen des Wesens, des Charakters, der Eigenschaften, der Wirkungsweise dieser Wesen, ihrer Beziehung zur Evolution von Welt und Mensch. Zwei von ihnen, die nach unserem Dafürhalten überaus fasslich und klar in das Thema einführen und uns die Aufgabe erleichtern, politologische Betrachtungen auf esoterischer Grundlage zu führen, seien hier zitiert. In einem seiner Vorträge legt er dar, dass „[…] die luziferischen Wesenheiten vor allen Dingen das Interesse haben im Kosmos, die Welt, namentlich die Menschenwelt, abtrünnig zu machen von denjenigen geistigen Wesenheiten, die wir als die eigentlichen menschenschöpferischen Wesenheiten auffassen müssen. […] Nicht so sehr, daß luziferische Wesenheiten in erster Linie die Absicht hätten, sich selber die Welt anzueignen. […] daß das nicht die Hauptsache ist bei den luziferischen Wesenheiten, sondern die Hauptsache ist: von dem, was der Mensch empfinden kann als seine eigentlichen göttlichen Wesenheiten, abtrünnig zu machen die Welt, frei zu machen die Welt davon. […]

Die ahrimanischen Wesenheiten [...] haben die entschiedene Absicht, namentlich das Menschenreich, aber damit die übrige Erde, in ihre Machtsphäre zu bekommen [...].

So ist eigentliche in unserem Kosmos, in den wir hineinverwoben sind als Menschen, ein Kampf vorhanden zwischen den fortwährend nach Freiheit, nach universeller Freiheit strebenden luziferischen Wesenheiten, und den nach einer immerwährenden Macht und Kraft strebenden ahrimanischen Wesenheiten. Dieser Kampf, in dem wir drinnen stehen, durchdringt alles." Wir selbst befinden uns im Zentrum des Gleichgewichtszustands. So entsteht eine Dreiheit.

„Nun können Sie sich denken, daß es durchaus im Interesse der ahrimanischen und der luziferischen Mächte liegt, dieses Geheimnis der Dreizahl zu verhüllen. Denn die richtige Durchdringung dieses Geheimnisses der Dreizahl befähigt ja die Menschheit, den Gleichgewichtszustand zwischen ahrimanischen und luziferischen Mächten herzustellen. [...] Des Menschen normalster Geisteszustand besteht darin, in der richtigen Weise sich hineinzuversetzen in diese Trinität der Welt, in diese Struktur der Welt, insofern ihr die Dreizahl zugrunde liegt" (GA 194, 21.11.1919, S. 18–19).

Es ist in der Tat nicht einfach für den heutigen Politologen, hinter dem Nebelschleier des politischen Kampfes in der Welt solcherart Absichten der übersinnlichen Wesenheiten zu erkennen, die dem Wollen der Götter der folgerichtigen Entwicklung entgegenstehen. Diese Schwierigkeit wird noch erschwert dadurch, dass im Inhalt von Kultur und Religion, im gesamten Kodex der moralischen Prinzipien der Menschen schon seit vielen Jahrhunderten eine völlig falsche Vorstellung über das Göttliche und das Teuflische vorherrscht. In der Welt von Kultur und Religionsausübung möchte man allein eine Dualität erkennen: die von Gott und Teufel; damit aber, so Rudolf Steiner, „[...] ist in Wirklichkeit nichts geringeres getan, als daß das wirklich Göttliche aus dem Bewußtsein herausgerückt ist, und daß das luziferische mit dem göttlichen Namen belegt wird, […] und daß nur dem Ahriman luziferische Eigenschaften beigelegt werden […]

[…] Während die Menschen glauben, mit einer solchen Gegenüberstellung, wie man sie findet in Miltons ‚Verlorenem Paradies' und Klopstocks ‚Messias', habe man es zu tun mit den göttlichen und den höllischen Elementen, hat man es in Wahrheit zu tun mit dem luziferischen und dem ahrimanischen Elemente. […] Es ist ja eingezogen in dieses neuere Bewußtsein der Menschheit der Irrwahn der Zweizahl, und es ist hintangehalten worden die Wahrheit von der Dreizahl. […] Das alles, war in diesem Irrwahn wirkt, das ist im Grunde genommen Schöpfung der ahrimanischen Einflüsse, jener Einflüsse, die sich einstmals konzentrieren werden in der Inkarnation des Ahriman […]

[…] Und schreibt man dann ein ‚Verlorenes Paradies', dann beschreibt man in Wirklichkeit die Austreibung der Menschen aus dem Reiche des Luzifer in das Reich des Ahriman, und man schildert die Sehnsucht der Menschen nach nicht nach dem Göttlichen, man schildert die Sehnsucht der Menschen nach dem verlorenen Paradiese, das heißt aber nach dem Reiche des Luzifer" (ebd., S. 22, 25).

Ein Mensch, der politisch tätig ist oder der sich einfach nur mit Politik auseinandersetzt, ist nicht denkbar außerhalb des Kontextes der allgemeinen menschlichen Kultur. Diese aber wird, sofern sie nicht das geistige Wissen, das Wissen um die einheitliche sinnlich-übersinnliche Realität in sich aufnimmt, von den luziferischen und ahrimanischen Wesenheiten auf einen Weg gelenkt, auf dem sie Ödnis und Verfall erwarten. Dies ist eine der Grundthesen der anthroposophischen Methodologie in der Sphäre von Kulturologie und Politologie. Eine weitere These impliziert die Anerkennung *der Realität des menschlichen Denkens*. Insbesondere in der Neuzeit, da der Mensch an der Schwelle zur Erlangung der individuellen Freiheit steht, wirken die höheren Geisteswesen die Entwicklungsziele aus dem heraus, wie und was die irdischen Menschen denken. Die geistigen hierarchischen Wesen der zurückgebliebenen Art ernten ebenfalls die Früchte des Denkens und der Erkenntnis der Menschen, jedoch in erster Linie die falschen, um diese den Absichten der hierarchischen Wesen der normalen Entwicklung entgegenzustellen. Dieses ihr Tun ist ungemein wirksam. Würden, so Rudolf Steiner, alle Menschen eines Tages beschließen, dass sie keine höhere Entwicklung möchten, so würde diese Entwicklung zum Stillstand kommen.

Besonders in unserer Zeit, da im sozialen Leben allenthalben die verschiedenen Formen des Bösen gegeneinander ankämpfen und jede von ihnen davon überzeugen will, sie sei das eigentlich Gute, ist der Kampf gegen das Böse ungeheuer schwer geworden; und so entscheiden die Menschen oftmals mit unverzeihlicher Leichtigkeit darüber, was sie für das Gute halten wollen. Dies führt aber auch dazu, dass die Illusion entsteht, man könne das Böse vernichten, ohne es zu metamorphosieren. Diese Illusion ist derart groß, dass die Menschen nicht selten einfach nicht zulassen, dass man sie ihnen nimmt. Führen wir zur Verdeutlichung ein aktuelles Beispiel der letzten Ereignisse in Russland vor Augen – den Anschluss der Krim an das Territorium Russlands. Auf einer der Massendemonstrationen, die es im Vorfeld auf der Krim gegeben hatte, in der Stadt Simferopol – man konnte dies in den Medien verfolgen – sah man eine alte Frau mit dem Porträt Stalins in den Händen. Sie stand direkt vor den Kameras der Fernsehleute, und niemand – weder die Veranstalter der Demonstration noch deren Teilnehmer – forderte sie auf, das Porträt fortzunehmen. Allerorten sieht man überdies sowjetische Flaggen mit Hammer und Sichel; Versuche, Lenin-Denkmale zu zerstören, erklärt man für Russophobie usw. Auf diese Weise sucht man über die Massenmedien die Überzeugung in das Bewusstsein der Massen zu tragen, der Anschluss der Krim, ja der gesamten

Ukraine an das Territorium Russlands bedeute die Rückkehr zum „rettenden“ stalinistischen System und einen anderen Weg zu einer strahlenden Zukunft gebe es nicht. Und so stellen wir uns nun die Frage: Wo findet sich dort das Gute, das gegen das Böse kämpft?

* * *

Die anthroposophische historische Symptomatologie kann als Politologie aufgefasst werden – allerdings nur unter der Bedingung, dass die Politologie danach strebt, beide Seiten der Realität zu erfassen; dennoch wird Politologie auch in diesem Falle eine gewisse Einengung des Begriffs der „historischen Symptomatologie“ bedeuten. Man kann dies jedoch zugunsten der praktischen Ziele der Erkenntnis in Kauf nehmen. Die Politologie ist eine der Projektionen der Symptomatologie, und sie ist dazu angetan, den Weg zu deren Aneignung zu erleichtern. In der heutigen Welt gibt es zwei Richtungen oder gar zwei Arten, zwei Typen der Politologie. Zum einen die radikal exoterische, durch und durch äußerliche Politologie, die täglich die Seiten tausender Zeitungen, Zeitschriften und die Programme der Fernsehkanäle füllt. Sie ist auf den Massenleser und -zuschauer ausgerichtet, der sie mittels des abstrakten Denkens aufnimmt, gelenkt von elementaren Sympathien oder Antipathien, die ihm wiederum von dieser Politologie aufgeprägt werden. Alles darin appelliert an die Affekte, Vorlieben. Ihr Ziel ist es nicht, zu informieren; ihr Ziel ist es, das Bewusstsein zu manipulieren und den wahren Verlauf, den wahren Sinn der Ereignisse zu verschleiern. Es ist keine Übertreibung, wenn man feststellt, dass sämtliche Massenmedien der Welt eine unablässige und totale Gehirnwäsche betreiben und ein effektives Mittel der Sicherung der Machtposition kleiner Gruppen gegenüber breitesten Bevölkerungsmassen darstellen. Dies sind lediglich Fakten, und wenn wir diese konstatieren, so betreiben wir keine politische Kritik – wir charakterisieren lediglich das benannte Phänomen.

Die Massenmedien haben diese Rolle etwa seit dem Ende des 19. Jahrhunderts übernommen, als im zivilisierten Teil der Menschheit ein Erstarken des Selbstbewusstseins zu verzeichnen war und bestimmte Kräfte gezwungen waren, etwas zu unternehmen, um sich die Herrschaft über sie zu erhalten. Wir wissen aus der Anthroposophie, dass im Jahr 1879 die Epoche der Herrschaft des Erzengels Michael begann und dass zugleich Legionen ahrimanischer Wesen, von Michael aus den Höhen der geistigen Welt auf die Erde gestürzt, unter den irdischen Menschen auftauchten. Um deren Entwicklung zugunsten ahrimanischer Ideen zu verfälschen, haben sie sozusagen die Presse aufgezäumt. Und so begann Rudolf Steiner bereits im ersten Viertel des 20. Jahrhunderts von der „schwarzen Magie des Journalismus" zu sprechen. Der Journalismus ging daran, sämtliche sozialen Beziehungen der Menschen auf unbarmherzige Weise zu verzerren. Heute nun, in unserer Zeit, überschreitet dieser Prozess bereits jedes Maß. Und die Menschen sind sich dessen durchaus bewusst – davon zeugt beispielsweise das häufige Fehlen jeglicher Empathie, wenn während einer kriegerischen Auseinandersetzung ein Journalist zu Tode kommt.

Ihrem Wesen nach ist die exoterische Politologie durch und durch materialistisch. Sie redet den Menschen ein, alles in ihrem Leben sei ausschließlich „diesseitig", was bedeutet, dass es in den Kämpfen, die sich allerorten in der Welt abspielen, keinerlei Gesetzmäßigkeit gibt, dass alles zufällig ist, vom Charakter einzelner Menschen abhängt, von deren subjektiver Motivation, ihrem Ehrgeiz, ihrem Streben nach Reichtum und Macht usw. Alles darin erschöpft sich in dem unmittelbar Gegebenen. Beispielsweise – so lehrte uns Majakowski – wird „in der Einöde von Simbirsk der gewöhnliche Junge Lenin geboren", er wächst heran, begreift schnell, welch soziale Ungerechtigkeit in Russland herrscht, und er sagt: die Macht „ist eine Mauer, doch ist sie morsch – stoße sie mit dem Finger an, und sie wird umfallen"; und so stieß er sie an, und sie fiel eben um. Das ist alles! – und da gibt es nichts zu hinterfragen, am wenigsten nach den Hintergründen des Oktoberumsturzes! Jaja, es gibt da noch so etwas wie die Dialektik der Entwicklung, wenn eine Klasse zum Antagonisten einer anderen wird bis hin zu tödlichen Auseinandersetzungen; aber das ist doch alles nur etwas für „Theoretiker", und überhaupt – diese Diskussionen gehören doch wohl der Vergangenheit an.

Ein weiteres Beispiel: Wie ist das Tohuwabohu zu erklären, das die USA derzeit in der Welt veranstalten? „Cherchez l'Erdöl", rät der Historiker Nikolai Starikow, und du wirst alles begreifen, was in der heutigen Welt geschieht. Die Jagd auf die Energiequellen erklärt sämtliche Umtriebe des gierigen Kapitalismus! – Dies ist nicht einmal ein Schlüssel, sondern gerade einmal ein Dietrich zum Verständnis der Weltpolitik. In diesem Beispiel finden sich allerdings bereits die Anfänge der Konspirologie.

Die Konspirologie ist der zweite Typus der Politologie. Sie ist halb exoterisch. Darin strebt man, indem man die Natur der äußeren Ereignisse des politischen Lebens zu erklären sucht, danach, zum Wesen des hinter dessen Kulissen Verborgenen vorzudringen. Man findet dort Verschwörungen verschiedenster politischer, ökonomischer und anderer Gruppierungen. Es liegt nichts Ungewöhnliches in dieser Politologie. Altbekannt und weit verbreitet ist das Wissen um die geheime Diplomatie. Wenn aber diese existiert, warum sollte es dann nicht geheime Intrigen bestimmter Gruppierungen geben? Und sofern ihre Interessen nicht übereinstimmen, so sind sie selbstverständlich gezwungen einander zu bekämpfen. Am erfolgreichsten sind diese Kämpfe dann, wenn sie verborgen vor der Öffentlichkeit ausgetragen werden, nach Art der Kriege in mafiösen Kreisen usw.

Die Konspirologie sucht sich zum Teil im Geiste der – nein, nicht historischen, sondern der rein politischen Symptomatologie zu äußern. Wenn man also aus der exoterischen Politologie keinerlei Wissen über den Sinn der Weltereignisse schöpfen kann, so lässt sich den konspirologischen Darstellungen durchaus das eine oder andere darüber entnehmen. Zwar ist auch die Konspirologie ein Mittel, das Bewusstsein zu manipulieren – und ein gefährlicheres gar als der erste Typus der Politologie, denn sie gibt einem weit individualisierteren Verstand Nahrung. Auch „die Erwählten rufen", wie es im Evangelium heißt – das ist ihr Ziel. An einem Beispiel sei verdeutlicht, wie dabei vorgegangen wird. Der erste Typus der Politologie behauptet, es gäbe in der Welt keinerlei Manipulation des Bewusstseins, zumindest beschäftige sich die „demokratische" Presse nicht damit. Nun publiziert aber der bekannte und zweifelsohne scharfsichtige Konspirologe Sergey Kara-Murza ein umfassendes Werk mit dem Titel „Die Manipulation des Bewusstseins". Darin beschreibt und entlarvt er, wie der Dichter sagt, auf „ätzend und haarspalterische" Weise die verschiedensten Methoden und Formen der tatsächlich angewandten Manipulierung des Bewusstseins der Massen, derer sich bestimmte Kräfte in der Welt bedienen. Und er betont, er hätte das Buch als vorbeugende Maßnahme verfasst, um die Menschen zu lehren, sich vor diesen Manipulationen zu schützen. Doch offenbart sich beim Lesen, dass er dies einzig mit genau dem Ziel tut, *das Bewusstsein des Lesers zu manipulieren, und zwar im Sinne seiner eigenen Ideologie*; diese aber ist prosowjetisch, er sympathisiert mit der Erneuerung des Stalinismus!

Die Zuwendung zur Konspirologie gleicht dem Gang über ein Minenfeld, wo an jedem beliebigen Ort in der mit frischem Gras und Dickicht bewachsenen Landschaft jederzeit eine ideologische Mine hochgehen kann, die den keimenden gesunden Menschenverstand zunichte macht. Und dennoch lässt sich allein aus den Erwägungen der Konspirologen etwas über die Hintergründe des politischen Lebens der Welt begreifen, wo Ereignisse sich vollziehen, die für ganze Völker, ja für die gesamte Menschheit schicksalhaft sind.

Die exoterische Weltpresse führt einen unversöhnlichen Kampf gegen die Konspirologie – und zwar genau aus dem Grunde, da sie nicht selten den Schleier lüftet, hinter dem sich der unversöhnliche Kampf der „Löwen" abspielt. Man behauptet, eine „Verschwörungstheorie" gründe sich auf dem Verfolgungswahn, sei Produkt der „Paranoia" ihrer Urheber. Dies Wort wird wie eine Beschwörungsformel immer und immer wiederholt, um die Menschen davon abzuhalten, die Werke von Konspirologen auch nur in die Hand zu nehmen, um nicht zuletzt die Autoren selbst zu diskreditieren und einzuschüchtern. Und dies ist sehr wirkungsvoll. Viele dieser Autoren schwören tausend Eide, sie seien keine Konspirologen, bevor sie auch nur ein Wort sagen.

Nach unserem Dafürhalten ist die „Verschwörungstheorie" keine Fiktion und erst recht kein Produkt eines Verfolgungswahns. Sie ist aus der Wirklichkeit geschöpft. Doch ist sie selbst in Konspirologenkreisen ungemein eingeengt, dogmatisiert. Mehr noch: Wenn es eine Verschwörung gibt, so ist deren Theorie bislang einfach noch nicht erschaffen. Es gibt lediglich die Beschreibung einzelner Fakten, einzelner Erscheinungsformen des Antagonismus, oftmals aber auch des gemeinsamen Wirkens zweier Weltkräfte – des politisierten Katholizismus, angeführt vom Jesuitenorden, und des Weltfreimauerertums. Worin dieser Antagonismus seinen Ursprung hat, warum jene Kräfte nicht selten zusammenwirken, was – abgesehen vom Streben nach Macht – deren Wesen ausmacht, ja woher dieses unbändige Streben nach Macht kommt – dies alles wird man von den Konspirologen nicht erfahren.

Dies Wissen kann allein aus der Geisteswissenschaft geschöpft werden, denn sie offenbart den globalen, kosmischen Antagonismus zwischen jenem Teil der Hierarchie, der zurückgeblieben ist und auf Kosten des Menschen das Versäumte nachzuholen sucht, und den göttlichen Hierarchien. Und es ist die Anthroposophie, die die Erläuterung gibt, warum, zu welchem Zweck, jener Teil zurückgeblieben ist.

Jene ursprüngliche Opposition ist es, die auf den Plan der historischen, sozialen, politischen, ja aller Beziehungen der irdischen Menschheit projiziert wird. Der Mensch selbst aber ist ein ungemein wichtiges Glied jener Opposition. Dieser kosmische Kampf wird geführt um den Menschen, und er wird geführt um des Menschen willen. Dies sind die Grundlagen der wahren „Verschwörungstheorie".

Wir haben dies Thema bereits in früheren Werken behandelt, in „Die Anthroposophie auf der Kreuzung der okkultpolitischen Bewegungen der Gegenwart", und auch im dritten Band von „Makrokosmos und Mikrokosmos".[1] Jene Darlegungen hier zu wiederholen erscheint wenig sinnvoll. Dem interessierten Leser sei die Lektüre jener Werke anempfohlen (während der nicht interessierte Leser wiederum für uns nicht von Bedeutung ist).

Abschließend sei noch angemerkt, dass es in den Zentren der irdischen Weltmächte einen Kern gibt, gebildet von Menschen, die sich der Beziehung zu jenen übersinnlichen Kräften mehr oder minder bewusst sind, die dem normalen Verlauf der Evolution feindlich gegenüberstehen. Daher ist die große Weltpolitik ihrem Wesen nach okkult. Viele ihrer Erkenntnisse und Kräfte schöpft sie aus der übersinnlichen, größtenteils unterphysischen, untersinnlichen Welt. Selbstverständlich ist es ein Ding der Unmöglichkeit, dies den breiten Massen ohne weiteres zu offenbaren, die im Geiste des Materialismus oder der luziferisierten Religiosität erzogen sind. Wenn die Konspirologen dennoch versuchen, dies zu tun, so hört man eher die Stimme eines kirchlichen Obskurantismus.

---

[1] Bisher gibt es von Band II und III des Werkes „Makrokosmos und Mikrokosmos" keine Übersetzung in das Deutsche.

Spricht dagegen die Anthroposophie von den okkult-politischen Zentren der Weltmacht, so sendet sie dieser Darstellung die große Lehre von der übersinnlichen Realität voraus, von der Verbindung von irdischer Phänomenologie und geistigem Kosmos und von vielem mehr. Die Erkenntnis dessen ist unabdingbare Voraussetzung für jeden, der die Beherrschung der Methodologie der historischen Symptomatologie anstrebt. Der Weg dorthin ist begründet in der allgemeinen Methodologie der Anthroposophie. Deren Aneignung aber ist eine der fundamentalen Aufgaben des Menschen der Epoche der Bewusstseinsseele.

Indem die Anthroposophie die Lehre vom dualen, sinnlich-übersinnlichen Charakter der einheitlichen Realität vermittelt, schließt sie auch die methodologischen Grundlagen der Politologie mit ein. Beherrscht man diese, so ist man – wenn man wachen Auges die Phänomene betrachtet – in der Lage, anhand von deren Symptomen jenes Tun zu erkennen, das die Entwicklung der Menschheit auf Abwege führen soll. Dies Tun, in welchem Teil der Welt es auch immer sich vollzieht, ist dazu angetan, das Schicksal der gesamten Menschheit zu beeinflussen und somit dasjenige eines jeden einzelnen Menschen.

Die Bewusstseinsseele, die den Menschen anspornt, sein einzelnes Interesse zum Interesse der gesamten Menschheit zu erheben, erweckt in ihm das Bestreben, zu erkennen, wohin die Weltkräfte – in erster Linie die übersinnlichen – den Gang der Entwicklung lenken. Eine solche Erkenntnis ist geradezu die Pflicht des Menschen, und um dieser Genüge zu tun, gilt es, sich mit aller Kraft über kleinliche Neigungen, Egoismus, Sympathien und Antipathien, lieb gewordene Meinungen, Ehrgeiz usw. zu erheben.

* * *

Der Anthroposoph dringt in der Politologie lediglich bis zur Charakterisierung der Ereignisse vor, ohne diese moralisch bewerten zu wollen. Sein Ziel ist es, seine Erkenntnisse so objektiv wie möglich zu erlangen. *Er strebt nicht den Kampf an, sondern die Wahrheit; nicht die Revolution, sondern die Evolution.*

II. Russland – das irdische und das himmlische

Wenden wir uns nun der Betrachtung dessen zu, was im eigentlichen Sinne den Hauptgegenstand unserer Betrachtungen ausmacht. Auch hier aber sei in Ergänzung der obengenannten gleichsam methodologischen Einführung gesagt, dass die Methode der historischen Symptomatologie auch in ihren ganz allgemeinen Umrissen nur dann zu begreifen ist, wenn der Leser eine Vorstellung von den grundlegenden Prinzipien der allgemeinen Methodologie der Geisteswissenschaft Rudolf Steiners hat. Unsere Betrachtungen setzen beim Leser einen gewissen Grad an Vorbereitetheit voraus, die ihn in erster Linie in die Lage versetzen, diese unvoreingenommen und mit einem Verständnis, das über das triviale Verstehen hinausgeht, aufzunehmen; dies ist besonders wichtig angesichts der äußersten Emotionalität, mit der man nicht nur in Russland, sondern in der ganzen Welt jener Frage begegnet, die wir hier vom Standpunkt der Anthroposophie aus zu ergründen suchen.

Allein das Verständnis des Stellenwerts der Methode der historischen Symptomatologie innerhalb der allgemeinen anthroposophischen Methodologie wird den Leser davor bewahren, das, was im weiteren Thema unserer Erörterung sein wird, als einfach nur politische Betrachtung zu sehen; obgleich es sich um eine bis zum äußersten politisierte Frage handelt. Derjenige, der diese Bedingung als unerfüllbar betrachtet, sollte die Lektüre an dieser Stelle beenden.

Aber auch diejenigen unter den Lesern, die der Geisteswissenschaft zugewandt sind, seien noch einmal daran erinnert, dass deren wesentliches Ziel die Erkenntnis ist, und dass für deren Erlangen jedweder Sympathie und Antipathie gegenüber dem Gegenstand der Betrachtung zu entsagen gilt, wie geartet dieser auch immer sein mag. Erkenntnis erlangt man ausgehend vom Ich, indem man jegliche Neigungen, Vorurteile, Vorlieben usw. in einen neutralen Modus setzt. Lassen wir ihnen freien Lauf, so erlangen wir nicht Erkenntnis der objektiv existierenden Phänomene, sondern erfahren lediglich unser *persönliches* Verhältnis diesen Phänomenen gegenüber, und wir bewegen uns somit von der Wahrheit fort.

Zudem sei daran erinnert, dass wahre Anthroposophen, diejenigen also, die danach streben, Wissenschaftler auch der übersinnlichen Welt zu sein, sich in der Regel nicht mit Politik beschäftigen. Ihnen sind die Ideologien von Parteien und politischen Richtungen jeglicher Couleur, die allein schon wegen ihrer einseitigen Ausrichtung falsch sind, fremd. Sie lehnen Gruppenüberzeugungen und -stimmungen, Gruppenegoismus, das Sich-Ausliefern dem Willen eines Gruppenbewusstseins ab – seien es internationale, nationale, nationalistische oder wie auch immer sonst geartete; mit einem Wort: sie lehnen all das ab, was die Politik im allgemeinen Verständnis ausmacht.

Für diejenigen, die sich der Geisteswissenschaft Rudolf Steiners zugewandt haben, wird die Erkenntnis zur Verpflichtung. Und es gibt keinen Erkenntnisbereich, dem er den Rücken zukehren würde, nur weil dieser von irgendeiner Seite mit dem Stempel „reaktionär“, „unpatriotisch“, „undemokratisch“, „dem Geist des Humanismus fremd“, „pseudo-liberal“, „nicht vereinbar mit der staatsbürgerlichen Haltung eines anständigen Menschen“, „der Liebe zum Vaterland zuwider“ o. ä. versehen wird.

Alle Argumente dieser Art sind letztendlich lediglich Kniffe, die von den Parteien und Weltanschauungen benutzt werden im Kampf um das Beherrschen des Bewusstseins der Massen. In den Zentren der Parteien selbst analysieren Experten alles, was in der Welt vor sich geht, um anschließend effektiv in ihr *wirken* zu können; den „gutwilligen“ Menschen aber fällt die Rolle zu, ohne eigenes Nachdenken im Interesse eines fremden Willens zu handeln, indem sie diesen für ihren eigenen halten.

Auch der Anthroposoph strebt danach, alles zu erkennen, er lehnt jegliche Tabus im Bereich der Erkenntnis ab, jedoch beschränkt er sich im Grunde genommen auf die Erkenntnis an sich – ohne dass dies bedeuten würde, dass er untätig bliebe. Mitnichten ist dies der Fall, jedoch hat sein Handeln einen anderen Charakter. Er ist bestrebt, diesem *einen wesenhaften Charakter zu verleihen*, und eine solche Art von Handeln ist der heutigen Welt unbekannt. (Hier sei unterstrichen: er ist bestrebt – was natürlich nicht bedeutet, dass es ihm in jedem Fall gelingt; daher ist in der Anthroposophie der Dogmatismus in keiner Weise zulässig.) Der Anthroposoph stellt sein Handeln gleichsam „auf den Prüfstand" der geistigen Welt der göttlichen hierarchischen Wesen: der Volksgeister, der Zeitgeister, des Geistes der gesamten Menschheit. Er liebt das Land, das Volk, in dessen Sphäre er sich kraft seines Karma verkörpert hat, und ist als wahrer Christ dennoch Internationalist, bestrebt, sich in den Dienst des Geistes unserer Zeit, des Erzengels Michael zu stellen. Dies sein Bestreben ist nicht von abstrakter Natur, sondern ganz und gar konkret. Es entspringt dem allgemein zugänglichen Verständnis dessen, dass Christus zu allen Menschen gekommen ist, dass jeder Mensch ihm gleichermaßen wert ist. Und es lügt, wer von der besonderen Zuneigung Christi zu einer einzelnen Nation spricht.

Die verwirklichte anthroposophische Erkenntnis, insbesondere in der sozialpolitischen Sphäre, enthält sich der sittlichen Wertung, indem sie dem manichäischen Prinzip im Verständnis von Gut und Böse folgt, für das es eines Höchstmaßes an Unvoreingenommenheit bei deren Erkenntnis bedarf. Und diese Erkenntnis erlangen kann nur, *wer von der Phänomenologie des irdischen zur Urphänomenologie des geistigen Plans emporstrebt, in dem die Ur-Gründe all dessen verborgen sind, was mit uns auf Erden geschieht.*

Es wird wohl nur wenige Leser geben, denen es gelingt, all diesen Erkenntnisprinzipien treu zu bleiben, wenn sie in den

Bereich der okkult-politischen Phänomenologie eintreten – insbesondere in unserer Zeit, und schon ganz und gar in der Frage dessen, was heute in der Ukraine geschieht, da sämtliche nationalen und politischen Interessen bis zum äußersten aufgeheizt sind, da sich nicht Sympathie und Antipathie gegenüberstehen, sondern Liebe und Hass, wenn nicht gar zwei Arten von Hass – nur wenigen wird es gelingen, unter diesen Bedingungen eine besonnene Objektivität an den Tag zu legen. Umso wertvoller wird dieser vereinzelte Leser sein – wertvoll für den realen Wandel des in unserer Zeit so gefährlichen Charakter annehmenden Bösen hin zu den Kräften des Guten, die dazu angetan sind, unsere Zivilisation vor dem endgültigen Untergang zu bewahren. Denn wir haben es hier mit Ereignissen zu tun, die nicht regional begrenzt, sondern von welthistorischer Bedeutung sind. Eine Abkehr von deren Erkenntnis in der benannten Art und Weise würde die Kapitulation vor den Kräften des Bösen bedeuten.

* * *

Wenn wir den Leser dazu anhalten, den anthroposophischen Erkenntnisprinzipien zu folgen, so erheben wir keinesfalls den Anspruch, dass er alle Darlegungen widerspruchslos hinnimmt. Vielmehr sind wir sogar daran interessiert, dass der Leser zunächst alles in Frage stellt, um sich vorderhand selbst damit auseinanderzusetzen, es zu erforschen. Der Rezipient sieht sich lediglich der gesonderten Sicht eines einzelnen Menschen auf die äußerst aktuellen Ereignisse unserer Tage gegenüber. Deren Sinn ist ungemein tiefgreifend und es ist überhaupt nicht daran zu denken, dass sie von einem Einzelnen in einer einzigen Abhandlung umfassend aufgezeigt werden kann. Dennoch können wir sagen, dass die Darlegungen nicht „aus der Luft gegriffen“ sind, dass dahinter vielmehr die Erfahrung einer intensiven, jahrzehntelangen Beschäftigung mit der Anthroposophie, insbesondere mit deren Methodologie steht. Und auf dieser Grundlage empfehlen wir, die Ereignisse in der Ukraine (die nicht nur die Ukraine betreffen) von zwei Seiten aus zu betrachten: von der äußeren, rein politischen, sowie von der esoterischen, geistig-sozialen, oder okkult-politischen. Eine solche Herangehensweise erlaubt es uns, von der Phänomenologie der Ereignisse zu deren Ur-Phänomenologie vorzudringen, d.h. *hin zu dem ihnen zugrunde liegenden Komplex verschiedenartiger Gesetzmäßigkeiten in erster Linie übersinnlicher Natur*, ohne deren Erkenntnis man nicht einmal in die Nähe ihres Verständnisses gelangt.

Wenden wir uns also erst einmal dem zu, was vorderhand ins Auge fällt, wenn man die Medienbeiträge untersucht, die sich mit diesen Ereignissen beschäftigen. Als Allererstes wird erkennbar, dass sie die Beziehungen zwischen Russland und dem Westen verschärfen. Sie legen gleichsam den Beginn eines neuen Kalten Krieges. Mehr noch, sie vertiefen den starken Antagonismus, der zwischen Ost und West besteht. Diese Ereignisse sind dazu angetan, bereits in früherer Zeit gekeimte Langzeit-Tendenzen internationaler und gar rassischer Beziehungen offenzulegen oder sie gar *in die Tat umzusetzen*.

Muss dabei noch erwähnt werden, wie sich die Position Russlands in der Welt dadurch verkompliziert! Die Perestroika hat, indem sie eine gewisse Freiheit ermöglichte, das Land ökonomisch, wie man so sagt, an den Rand des Abgrunds gebracht. Die Stagnation des öffentlichen Lebens, das Anwachsen des sittlichen Relativismus drohen in eine neue, wahrlich erschreckende Qualität überzugehen. Hier, so sollte man meinen, wäre in Russland wie auch in der Ukraine anderes wichtig: die wirksame Bekämpfung der Korruption, die Wiederherstellung des Rechtssystems, das Eindämmen der uns aufgezwungenen ganz und gar zügellosen Form des Kapitalismus, die schlimmer noch ist als die, die Karl Marx in seinen Werken kritisierte.

Die Ereignisse in der Ukraine sind de facto nicht von Russland initiiert worden. Man hat Russland einfach vor vollendete Tatsachen gestellt. Die Vorgänge selbst aber stellen nichts anderes dar als den Versuch einer weiteren Wiederholung des in der Welt mittlerweile hinlänglich bekannten Szenarios der „Orangen Revolution". Solche Revolutionen sind schon, einem Tsunami gleich, über den Norden Afrikas hinweggefegt, sprangen auf den Nahen Osten über, und auch die Ukraine selbst hat bereits eine erlebt. Im Ergebnis von deren Wiederholung wurde nun der amtierende Präsident gestürzt oder einfach nur fortgejagt – genau geklärt ist dies nicht. Und dies, obwohl er keineswegs ein „Diktator", sondern auf demokratischem Wege, im Zuge allgemeiner Wahlen, ins Amt gewählt worden war. Die Frage nach seinen menschlichen Qualitäten sollte hier keine Rolle spielen – sicherlich kein schlechterer und kein besserer als alle anderen Präsidenten der Welt. Die Amtszeit seiner präsidialen Vollmachten war verfassungsrechtlich, durch Gesetzgebung begrenzt und er hatte nicht vor, sich gegen das Gesetz zu stellen. Warum also war es nicht möglich, den Ablauf dieser Frist abzuwarten und in der Zwischenzeit, wiederum im Einklang mit der Verfassung, andere, würdigere Anwärter auf das Amt vorzubereiten? – Dies wäre der logische Gedankengang, würde man den Maßstab der heute in der ganzen Welt üblichen politischen Prinzipien der political correctness anlegen. Dass diese Prinzipien lediglich ein politisches Manöver sind, wollen wir zunächst einmal nicht unterstellen.

Doch die „Revolution" hat sich vollzogen. Eine neue „Demokratie" hat die alte, noch von Jelzin ausgehenden, abgelöst und sie besiegt. Das Land ist praktisch führungslos, zerrissen von nationalen Gegensätzen, immer tiefer hinabgestoßen in hoffnungslose Not. Die Gegensätze aber sind alt und ganz und gar unversöhnlich. Der westliche Teil des Landes fühlt sich hingezogen zu Westeuropa, zur EU, zur NATO. Und eben dies hat das Verhältnis Russlands zur Ukraine auf radikale Weise verändert. Vordem hat Russland nie die Hoffnung verloren, dass es früher oder später zu einer Wiedervereinigung mit der Ukraine kommen würde. Und als diese Hoffnung ernstlich zu schwinden begann, stellte sich die Frage: Was tun mit der Krim? Diese Frage ist nicht so sehr von territorialer oder nationaler Bedeutung, sondern vielmehr von strategischer, da die Krim für Russland schon immer den günstigsten Zugang nicht nur zum Schwarzen Meer bot, sondern auch zum Mittelmeer und zum Atlantik, ja zu den Weltmeeren überhaupt. Vom Standpunkt eines Staates sind solche Fragen von lebenswichtiger Bedeutung, und es ist vorerst nicht gerechtfertigt, sie vom Standpunkt eines, sagen wir, „plakativen" Pazifismus aus zu bewerten.

Weiterhin muss *allein aufgrund der historischen Fakten* anerkannt werden, dass die Krim ein Teil Russlands im Sinne Großrusslands ist (die Ukraine stellt in diesem Zusammenhang in rein *territorialem* Sinne Kleinrussland dar – genau in dieser Wortbedeutung sind diese Begriffe entstanden). Ganz und gar willkürlich hat der, in Stalins Clique zum politischen Machthaber aufgestiegene, bolschewistische Funktionär Chrustschow die Krim im Jahre 1954 an die Ukrainische Sowjetrepublik gegeben (die im Übrigen heute nicht mehr existiert) – er hat sie verschenkt! Und besagte Ukrainische Sozialistische Sowjetrepublik war entstanden im Ergebnis einer ganz und gar willkürlichen „Filetierung" des Territoriums Russlands durch die „Diktatoren des Proletariats" in sogenannte „föderale Republiken". Es entsteht der Eindruck, als hätten all jene Diktatoren bereits damals gewusst, was im Jahr 1991 und im Jahr 2014 geschehen würde. Doch diese Frage würde den Rahmen unserer Betrachtungen sprengen.

Jene, die heute in Kiew die Macht haben, bekennen: „Die Krim war, ist und bleibt ukrainisch!" – Ja, sie war. Aber wie lange? – 60 Jahre. Und was war sie vorher? – Russisch. Wie lange? – Seit 1783, also 230 Jahre. Der beharrliche Kritiker wird hier einwerfen: Und wem gehörte sie davor? Mit welchem Recht hat Russland die Krim der Türkei weggenommen? – Mit demselben Recht, welches es den Angelsachsen erlaubte, den den Indianern gehörenden nordamerikanischen Kontinent zu besiedeln; welches es in der Epoche der großen Völkerwanderung verschiedenen Volksstämmen erlaubte, nach Europa einzuwandern und auf Ländereien sesshaft zu werden, die den Kelten u. a. gehörten usw. Es gab die Epoche der *Herausbildung der Nationalstaaten*. Heute ist sie eine feststehende historische Tatsache, sie ist abgeschlossen. Man kann nicht aus den Gepflogenheiten jener Zeit über das internationale Recht urteilen. Und obgleich die Besetzung, die Wegnahme von Gebieten sich auch heute fortsetzt, so gilt dies doch als Verbrechen. Rudolf Steiner formuliert die Sicht auf diese Frage vom Standpunkt der dualen, sinnlich-übersinnlichen Realität wie folgt: „Warum sich die Staatsgrenzen im Laufe der Jahrhunderte so herausgebildet haben, das können Sie durch die Geschichte verfolgen. Aber Sie werden gerade aus einer wirklichen, vorurteilslosen Geschichtsbetrachtung die Einsicht gewinnen, daß diese Staaten, von dem großen Rußland angefangen bis zu den kleinsten Gebilden, entstanden sind unter dem Einfluß des Christus-Verständnisses, das heißt des Christus-Verständnisses, wie es Platz gegriffen hat in Europa zur Zeit der sogenannten Völkerwanderung, zur Zeit der Dekadenz des Römischen Reiches." Und weiter, bereits Bezug nehmend auf unsere Zeit, spricht Rudolf Steiner davon, dass die Grenzen, wie sie nach dem Krieg 1914 gezogen wurden, widernatürlich sind und sich in der Zukunft nicht erhalten werden (GA 196, 06.02.1920, S. 153). Dasselbe gilt für die Grenzziehung von 1917 ebenso wie für die von 1939 und 1945, und auch für die Grenzen von 1991, und um dies zu verstehen, ist es vonnöten, das Wissen um die übersinnlichen Führer der Völker, die Volksgeister hinzuzuziehen, was wir im Weiteren auch tun werden.

Es hat keinen Sinn, heute darauf zu pochen, dass die Krim einstmals einem Khan gehörte (noch früher lebten dort übrigens die Skythen, und irgendwann auch schon die Neandertaler und gar Cro-Magnon-Menschen). Es ist auch widersinnig zu glauben, die Ukraine hätte die Absicht gehabt, die Krim der Türkei oder dem Krim-Khanat (das heute nicht mehr existiert) abzutreten. Würde man dies auch nur hypothetisch annehmen, dann könnte man sicher davon ausgehen, dass nicht nur die Türkei, sondern auch Griechenland Ansprüche auf die Krim erheben würde, dass sich sowohl Genueser als auch Nachfahren der Goten einmischen würden, und würde es gelingen, endgültig nachzuweisen, dass die Skythen die Vorfahren der Slawen sind – ja dann würde die Krim kraft eines uralten Rechts dennoch an Russland fallen. Der einzig logische Einwand Kiews gegenüber Moskau wäre gewesen: Warum besetzt ihr Ostpreußen, das euch nie gehört hat, und hindert uns daran, die Krim zu besetzen? Ihr kritisiert die USA für ihre doppelzüngigen politischen Standards, doch messt ihr selbst mit zweierlei Maß! Und dies wäre sozusagen eine „Trumpfkarte", der Moskau nichts entgegenzusetzen hätte. Die Metapher des Kartenspiels ist hier in jeder Hinsicht angebracht, denn alles, womit es die Menschen in der heutigen Welt zu tun haben, ist ein Kartenspiel – ein im Grunde unehrenhaftes Falschspiel. Hätte Kiew einen solchen Einwand vorgebracht – wir hätten gesehen, wie die ganze Welt sich empört hätte (in Deutschland selbst hätte man ein solches Vorgehen als „nicht politisch korrekt" bezeichnet).

Wenden wir uns nun einem anderen zu. Fragen wir uns einmal: Wozu braucht der Westen, wozu brauchen in erster Linie die USA die „Orange Revolution" in Kiew? Westeuropa braucht sie ganz offensichtlich nicht, und Europa protestiert ausschließlich unter dem Druck von Amerika. Den USA aber nützt sie durchaus. Wer in der Welt weiß und spricht heute nicht von der schwierigen, ja nahezu ausweglosen Finanzlage der USA, deren Schuldenberg mittlerweile nicht zu finanzieren ist? Das Ansehen der Weltmacht schwindet, denn es gibt nichts, womit man die Welt schrecken kann. Eine sichere Stütze bietet noch der „weltweite Terrorismus“, doch auch hier machen sich die Menschen immer häufiger dessen eigentliche Ursprünge deutlich. Der Welt eine neue russische Bedrohung präsentieren – ja, das wäre doch eine ganz andere Sache! Der Selbsterhaltungstrieb würde allen das Maul stopfen; man bräuchte Beschützer, und Beschützer müssen gut bezahlt werden, ohne nach den Altschulden zu fragen. Und Europa ist bereits in diese Lage versetzt worden: die Zusammenarbeit zwischen Russland und der NATO ist zerbrochen, der Aufrüstung sind Tür und Tor geöffnet usw.

Die maßgebliche Rolle der USA bei den Ereignissen in der Ukraine ist so offensichtlich, dass es dazu keiner weiteren Ausführungen bedarf. Die „orangen“ (oder wie auch immer colorierten) „Revolutionen“ sind überhaupt zu einer neuen Methode der Verwirklichung des globalen Weltprojekts der Erschaffung eines einigen Allmenschen-Staates geworden. Dafür gilt es, in allen Ländern die bestehenden Institutionen der Macht, die auf dem alten Prinzip des einigen Staates aufbauen, zu zerschlagen. In allen Ländern muss ein Zustand des permanenten, von außen gesteuerten Chaos installiert werden, bis letztlich alles in einem einigen, planetenübergreifenden Staat wiedervereint werden kann.

So haben die „Orangen Revolutionen“ nichts Natürliches an sich. Und man muss zudem verstehen, dass in der heutigen Welt, in jenem Zustand, in den die Menschheit versetzt ist, keinerlei natürlicher Massenprotest möglich ist. Es ist möglich, dass er in Einzelpersonen heranreift, doch einzelne Personen sind verstreut, niemand weiß, wieviele es sind (das Wissen darum bestimmt die Presse, die voll und ganz dem einen oder anderen Zentrum der Großmächte hörig ist). Für Protest braucht es einen Anführer, doch wird man heute nicht mehr zulassen, dass ein solcher Anführer aus der Mitte eines Volkes emporkommt. Aber wenn nötig, dann lässt sich Protest beliebig organisieren und auch eine beliebige Menge wahrhaft empörter Menschen kann man leicht mobilisieren. Die Anzahl dieser Protestierenden – dies ist eine rein finanzielle Frage. Revolutionen sind sehr teuer. Gelingt es, mehr Geld zusammenzutragen, als jemand anders für die Finanzierung einer Revolution aufbringt, so kann man eine Revolution auf friedlichem Wege neutralisieren – zum Beispiel mittels noch machtvollerer Demonstrationen der „Anhänger" der bestehenden Macht.

Somit sind vom politischen Standpunkt aus die Ereignisse in der Ukraine künstlich hervorgerufen, und so verhält es sich auch mit den Auftritten der leidenschaftlichsten Nationalisten. Doch ist damit noch nicht die ganze Wahrheit um die Vorgänge gesagt. Große weltweite politische Manipulationen werden nicht ohne Berücksichtigung der bereits bestehenden tiefgreifenden Gegensätze ihrer Objekte eingefädelt. Und von diesem Standpunkt aus betrachtet enthält das, was derzeit in der Ukraine vor sich geht, auch etwas Natürliches, und zwar den Widerstreit des westlichen und des östlichen Teils der heutigen Bevölkerung der Ukraine, die nicht kraft natürlicher, historisch gewachsener Bedingungen vereint wurden, sondern allein aufgrund politischer Manipulationen.

Hier muss man sich Folgendes vor Augen führen: Der Prozess des Zusammenwachsens von Völkern vollzieht sich von selbst, doch währt er Jahrhunderte und beginnen muss er in der Sphäre der kulturellen Beziehungen, des sich stetig erweiternden ungehinderten Austausches der Menschen untereinander sowie in dem Bereich der wirtschaftlichen, der Handelsbeziehungen. Die Unterschiede zwischen Völkern sind sehr bedeutsam, evolutionär bedingt. Sie sind entstanden aus der Vielfalt der Aufgaben, die von den verschiedenen Völkern im Zuge der kulturhistorischen Entwicklung der Menschheit gelöst werden müssen. Diese Aufgaben sind den Völkern von ihren hohen Geist-Führern, Wesenheiten aus der Hierarchie der Erzengel, auferlegt worden.

Die Stämme der Slawen haben bereits zu Beginn ihres Werdens als Völker die Wirkung mehrerer Erzengel zu spüren bekommen, die von den ihnen übergeordneten Hierarchien die Aufgabe erhalten hatten, aus dem Material der verschiedenen Stämme Völker zu erschaffen, um die Entwicklung mit den Anforderungen der weiteren Individualisierung des Menschen in Einklang zu bringen. Das Wirken der Erzengel strahlte bis hinein in die physische Leiblichkeit der Menschen. Mit der Zeit entstanden verschiedene nationale Kulturen, es kam zur Abgrenzung und Spezifizierung der Sprachen, die nationalen Charaktere bildeten sich heraus usw. Und so ist es nun, bevor man daran geht verschiedene Völker zu vereinen oder zu trennen, unabdingbar, sich sorgfältig mit der anthroposophischen Völkerkunde auseinanderzusetzen.

Es gibt eine gewisse Einheit, die sämtliche slawischen Völker zusammenführt, wie es auch eine gewisse Einheit der germanischen Rasse gibt. Außerordentlich groß aber sind auch die Unterschiede innerhalb dieser Einheiten. Man kann gegen diese Unterschiede nicht ankämpfen, man muss sie sehr genau berücksichtigen bei der politischen Festschreibung von Gebieten und Staatsgrenzen.

In gewisser Weise tragen die „Landvermesser“ der Weltpolitik diesem Umstand Rechnung, jedoch leider nicht im Interesse der Völker selbst, sondern zu deren Schaden. Indem jene „Landvermesser“ der Sowjetunion im Jahre 1939 gestatteten, ihre Grenzen westwärts zu erweitern, waren sie sich bewusst, dass sie damit eine Zeitbombe in Gang setzten, dass es der Sowjetunion kraft der Gesetze der Weltevolution selbst nicht möglich sein würde, diese Gebiete zu halten. Im Sinne einer solchen Politik wurde Russland das Recht eingeräumt (ja, es wurde gar dazu gedrängt, aber dies steht auf einem anderen Blatt), im 19. Jahrhundert Polen zu vereinnahmen, nach dem

2. Weltkrieg einen Teil Deutschlands zu okkupieren usw. Das Aufflammen des unversöhnlichen nationalen Gegensatzes zwischen der westlichen Ukraine, also Galizien, und der östlichen Ukraine ist nichts weiter als die Explosion jener Zeitbombe, die 1939 gezündet worden war. Der Konflikt zwischen der Ukraine und Russland aber – das ist Sprengstoff, den bereits Trotzki und Lenin gelegt hatten und der unter Chrustschow weiter angeheizt wurde. Es ist dies der Sprengstoff, der dazu angetan ist, einen einigen nationalen Organismus auseinanderzureißen.

Die Unterschiede zwischen den slawischen Völkern treten immer dann zutage, wenn man sie im Geiste der Ideologie eines *rein politisch (also nicht im Sinne des geistigen Lebens, der Kultur) verstandenen* Panslawismus zu einen sucht, oder auf noch gröbere Art, wie dies nach dem Ersten Weltkrieg geschah, als nach dem Willen der politischen Weltmächte beispielsweise ein neues „Volk" erschaffen wurde – die „Tschechoslowaken". Dieses Volk hatte während der gesamten Herrschaft des Bolschewismus existieren müssen; doch hat sich keinerlei Symbiose vollzogen – sobald der Bolschewismus untergegangen war, trennten sich die beiden Völker. Und Gott sei Dank hat sich diese Trennung auf zivilisierte Art und Weise vollzogen. Für ein weiteres künstlich erschaffenes Volk, die „Jugoslawen", verläuft dieser Prozess äußerst tragisch. Im Falle der Ukraine und Galiziens stehen wir vor der Wahl: wird sich deren Trennung nach dem Muster der Tschechoslowakei oder dem Jugoslawiens vollziehen. Denn Galizien war vormals, also vor der Stalin- und Hitlerzeit, nie Bestandteil Russlands gewesen. Es gehörte zum Verbund Österreich-Ungarns, noch früher zum großen polnisch-litauischen Reich; immer aber hat es dort separatistische Bestrebungen, das Streben nach einer Autonomie gegeben. Dies ist nicht zu vergleichen etwa mit dem Wunsch der Basken, sich von Spanien zu lösen, oder dem Bestreben Norditaliens nach einer Abspaltung vom übrigen Land oder weiteren ähnlichen Fällen (es gibt heute viele solcher Beispiele). All diese Fragen, sofern wir uns tatsächlich Klarheit darüber verschaffen wollen, müssen vom Standpunkt der übersinnlichen Führerschaft der Völker, ihrer realen Aufgaben in der Gesamtheit der Entwicklung der Kulturepoche beurteilt werden. Andernfalls besteht das Risiko, dass man den Willen der Erzengel, der Führer der Völker verwechselt mit dem von Woodrow Wilson proklamierten „Recht der Völker auf Selbstbestimmung", das dazu angetan ist, die Welt in ein unablässig wachsendes Chaos eines bodenlosen Separatismus zu stürzen.

Die Slawen Osteuropas haben sich als ein Volk formiert, das in der Haltung der Erwartung lebt. Seine Aufgabe in der heutigen Welt ist es, die Ankunft der nächsten, der sechsten, der slawisch-germanischen Kulturepoche vorzubereiten, da der einzelne Mensch zur nächsten Evolutionsstufe, *zur neuen Form seines individuellen Bewusstseins* aufstreben wird. Es ist dies eine ausgesprochen wichtige Evolutionsstufe. Sie verheißt eine Artenmetamorphose des Menschen. Er wird aufstreben zum Geistselbst, zu Manas, d. h. das Überbewusstsein als gänzlich individuelles Bewusstsein erlangen.

Die Westslawen bilden innerhalb dieser großen gesamtmenschlichen Aufgabe eine Art Vorposten der sechsten Kulturepoche. Es obliegt ihnen, nicht auf politischer, sondern auf kultureller Ebene, im Geistigen zu verschmelzen mit den Impulsen der westeuropäischen, insbesondere der mitteleuropäischen Kultur – mit der Vorhut der slawisch-germanischen Kulturepoche, heute in erster Linie mit dem Goetheanismus, mit der Anthroposophie, aber natürlich auch mit dem gesamten kulturellen Erbe Europas, und diese Impulse so in die Zukunft zu tragen. „[D]as westliche Slawentum", so Rudolf Steiner, „[ist] in andern Verhältnissen zu Westeuropa zu denken [...] als das östliche Slawentum. Und nur wenn man nicht denkt im Sinne der Fortentwickelung der Gesamtmenschheit, sondern im Sinne des englisch sprechenden Imperiums, wird man die Polen dem russischen Reiche einverleiben wollen. […] Ich kann heute nicht sprechen von dem wechselvollen Schicksale des polnischen Volkes, ich will nur sagen, daß die geistige Kultur des polnischen Volkes einen ihrer Gipfel hat im polnischen Messianismus, der – jeder mag über die Realität denken, wie er will – Ideen enthält, welche im geistigen Fühlen, geistigen Vorstellen wurzeln und darauf gehen, aus der polnischen Volkssubstanz heraus der Menschheit eben das zu geben, was den Inhalt des polnischen Messianismus ausmacht. Da haben wir gewissermaßen das gnostische Element, das ja dem einen der drei Seelenglieder entspricht, die aus den Westslawen nach Mitteleuropa hereinfließen sollen. Das zweite Element haben wir im Tschechentum […]; da haben wir das zweite aus dem Slawentum nach Mitteleuropa hereingeschobene Glied der Seele. Und das dritte Glied liegt im Südslawischen. Diese drei Seelenglieder schieben sich wie drei Kulturhalbinseln vor, und sie gehören durchaus nicht dem osteuropäischen Slawentum an" (GA 174, 15.01.1917, S. 169).

Eine ungemein tiefschürfende Frage der Genesis der slawischen Völker spricht Rudolf Steiner hier an. Sie in allen Aspekten darzulegen – dies kann in einer einzelnen Abhandlung nicht geleistet werden. Es sei hier lediglich auf die Mitteilungen Rudolf Steiners verwiesen, in denen er über den Zusammenhang des Gruppenerlebens der dreieinigen Seele durch die Finnen mit der Konfiguration der Geographie ihres Landes, mit den drei Meerbusen der Ostsee spricht (GA 158). Dies instinktive Erleben der dreieinigen Seele durch die Finnen ist den Ostslawen bei der Herausbildung ihrer Staatsformen aufgeprägt worden, im Weiteren wird davon noch die Rede sein. Aus dem oben genannten Gedanken Rudolf Steines aber erfahren wir etwas über einen weiteren Prozess des Werdens der dreigliedrigen Seele, das von Ost nach West voranschreitet und sich im Westslawentum objektiviert hat. Zweifelsohne haben wir es hier zu tun mit der Vorbereitung des Aufkeimens des Geistselbst in der dreigliedrigen Seele. Dabei kann die Bedeutung von friedlichen, freundschaftlichen Beziehungen zwischen den Völkern, einer intensiven gegenseitigen Hilfe, einer Zusammenarbeit anstelle des brutalen Kampfes der Nationalismen für diese Arbeit nicht hoch genug eingeschätzt werden. Der normale Gang der Evolution jedoch hat Feinde, auch kosmischer Natur. Daher erleben wir immerfort ein Anwachsen der Feindschaft zwischen den Völkern. Besonders leicht ist es, diese Fehde zwischen Slawen zu schüren, die kraft der vor ihnen stehende Aufgaben ganz und gar *apolitisch*, ja *antipolitisch* veranlagt sind – sie lassen sich ungewöhnlich leicht manipulieren. Der Kiewer „Maidan" ist ein überzeugendes Beispiel dafür, aber natürlich nicht nur dieser. Jeder Weltkrieg hatte seinen „Maidan", und es steht zu befürchten, dass es weitere geben wird.

Es ist insofern besonders leicht, die Slawen politisch zu manipulieren, da sie angesichts ihrer großen gesamtmenschlichen Aufgaben in der Politik die reinsten Kinder bleiben müssen. Man sollte wissen, dass dies nicht von Nachteil ist, obgleich es in der heutigen Welt unendliches Leid bringt. Für die Entwicklung der Slawen ist die Ahrimanisierung, die Zuwendung zum Materiellen besonders destruktiv. Geschieht dies, dann gleichen sie sich den Völkern Westeuropas an; jedoch haben diese ganz und gar andere Entwicklungsaufgaben – es ist ihnen vom besonders schweren Karma der heutigen Zivilisation vorherbestimmt, in die materielle Kultur, in die abstrakte Verstandeswelt einzutauchen. (Die Russen übrigens spüren dies, doch verstehen sie es falsch – und gefallen sich darin, die Weite und Unberechenbarkeit des russischen Wesens zu preisen und den, wie sie meinen, philisterhaften Kleingeist der Europäer zu schmähen.)

Die Europäer stehen vor der Aufgabe, das Vernunft-, das logische Denken voranzutreiben, um auf diesem Wege vom niederen zum höheren Ich aufzustreben. (Dies ist eine

Entwicklungsetappe, die früher oder später jeder Mensch durchlaufen muss.) Die Slawen dagegen sollen – eben angesichts der Aufgabe des Erlangens des Geistselbst – bereits jetzt gleichsam von diesem berührt werden, wenngleich nicht als Individuum (insofern besteht für Großspurigkeit kein Grund); sie sollen gewissermaßen in eine Art Schwebezustand sich über das materielle Leben erheben, ohne dabei aber die Verbindung zu diesem zu verlieren. Dafür braucht es eine ganz und gar anders geartete Struktur ihres staatlichen Lebens, eine flexiblere, als sie die Struktur eines Einheitsstaates in der Epoche des Materialismus darstellt. Diese ist es, nach der sie suchen, für die sie kämpfen, von außen aber werden sie stets und ständig in eine andere Richtung gedrängt, vornehmlich fort von der wahren Geistigkeit, der Spiritualität.

Wenn es dem Materialismus dennoch gelingt, die slawischen Völker in seinen Sog zu zwingen, dann erhöht sich die Wirkung der sogenannten „Doppelgänger" ihrer Volksseelen: sowohl der ahrimanischen als auch, kraft des Gesetzes der Polarität, der luziferischen. Diese wecken beispielsweise bei den Polen den Traum von Großpolen „von Gestade zu Gestade", bei den Russen den Wunsch nach den „Meerengen" [gemeint sind der Bosporus und die Dardanellen – Anm. d. Ü.], nach dem „Dritten Rom" [in der russischen orthodoxen Kirche existiert das Ideologem, demzufolge das erste Rom das Zentrum des Römischen Reichs war, als das Zweite bzw. das Neue Rom wird Konstantinopel betrachtet; nach ihrem Sturz ist es die Bestimmung Russlands, das Dritte Rom zu werden, d. h. das Zentrum des Christentums und dessen einziger Bewahrer – Anm. d. Ü.]. Unter dem Einfluss des Doppelgängers *verwechseln die Russen das Russische mit dem Russentum* und hoffen im Sinne ebenjenes Russentums auf die Vereinigung von westlichen, südlichen und östlichen Slawen, um sie zu lenken, ohne zu begreifen, dass sie damit deren Missionen untergraben würden, die ihnen im Übergang von der heutigen Kulturepoche zur nächsten vorherbestimmt sind; und dies wäre ein sehr großes Übel. Dieser tragische und gravierende Irrglaube, den, das sei nebenbei erwähnt, auch einige Südslawen teilen (aus Serbien war bereits zu hören: „Schade, dass wir nicht an Russland grenzen, es würde auch uns befreien!“), lag bereits der Balkanpolitik des zaristischen Russland zugrunde, seinem Eingreifen in den Ersten Weltkrieg; diese Verirrung war Grundlage der Ideologie des „Dritten Rom“, der Absicht, Konstantinopel und die Meerengen zu erobern. Auch der Bolschewismus glitt immer weiter ab in den politischen Panslawismus, in das Russentum, wurde immer stärker zu einem nationalen oder, besser, nationalistischen Sozialismus und war allein schon aus diesem Grunde zum Scheitern verurteilt. So offenbart sich die destruktive Rolle Russlands in Europa. Man nutzt seine tragischen Verirrungen, um es zu einem Instrument der Weltpolitik zu machen, zu einem Instrument von großer zerstörerischer Kraft, und darunter leiden in erster Linie dessen Völkerschaften und suchen nach der erstbesten Gelegenheit, um seinem Einflussbereich zu entfliehen.

Die Wirkungsweise des Russentums heute wird deutlich an jenem Beispiel, von dem im ersten Aufsatz die Rede war – der Demonstration in Simferopol, organisiert als Kundgebung der Befürworter des Anschlusses der Krim an Russland, wobei in der vordersten Reihe die alte Frau ein Porträt Stalins in die Kameras hielt. Natürlich ist dies kein Einzelfall. Das Bildnis Stalins ist häufig zu sehen in diesen Tagen, ebenso die sowjetische Flagge mit Hammer und Sichel. Und wenn in der Ukraine Lenindenkmale gestürzt werden, so nennt man das in Moskau *Russophobie*! Solcherart also, unter Hinzuziehung beliebiger ideologischer Mittel, vollzieht sich in Russland das „Sammeln von Ländern“: unter dem Zeichen der Restauration des nationalistischen Bolschewismus! – Dies jedoch bedeutet, dass ein Ende der Leiden Russlands zunächst nicht in Sicht ist. Und wie soll man die nicht verstehen können, die es vorziehen, sich von einem solchen Russland fernzuhalten?

Doch ist dies nur die oberste Schicht der Vorgänge. Man muss jedoch zu den tieferen Schichten vordringen, um Klarheit zu gewinnen: Was soll Russland tun?

* * *

Liest man die Weltpresse ein wenig aufmerksamer, so wird man einen gewissen Unterton wahrnehmen – es scheint, als würde der Westen, die USA trotz der Androhung harter Sanktionen die Rückkehr der Ukraine in den Verbund Russlands *billigen* – wenngleich auch ohne die 1939 annektierten Gebiete. Man darf sich nur nicht von dem „Trommelwirbel" der Drohungen und Sanktionen täuschen lassen. Diese sind in einer solchen Angelegenheit unabdingbar, doch sollte man genau darauf hören, *wie* die Trommeln klingen und diesen Ton zum Beispiel mit jenem vergleichen, der in den 30er Jahren angeschlagen wurde.

Es ist uns klar, dass das soeben gesagte zweifelsohne eine gewisse Ratlosigkeit hervorrufen wird. In der Tat: Wer im Westen sollte daran interessiert sein und zu welchem Zweck? (Die patriotische Presse führt jeden nur möglichen Beweis ins Feld, dass der Westen Russland hemmungslos, beharrlich, bösartig zu vernichten sucht.) Um uns in dieser Frage Klarheit zu verschaffen, müssen wir uns einer anderen Art der Politologie zuwenden – der Konspirologie. Wie wir dazu stehen und was wir darunter verstehen, ist bereits Gegenstand des ersten Essays gewesen und wurde in weiteren Arbeiten des Autors dargelegt. Der interessierte Leser kann beispielsweise im dritten Band von „Makrokosmos und Mikrokosmos" nachlesen.

Die Ereignisse im Zusammenhang mit der Ukraine lassen auf einen bestimmten Hintergrund schließen, der in der Vergangenheit seine Wurzeln hat. Ganz sicher sind sie nicht spontan, nicht aus der vorgeblichen Unzufriedenheit der Bevölkerung angesichts von Korruption, wachsender Armut, fehlender Verbrechensbekämpfung usw. entstanden. Sie wurden *geplant*, und das lässt sich bereits aus der Entwicklung zu Beginn der 90er Jahre, am Anfang der Perestroika, ablesen. Die Antwort auf die Frage, wo und durch wen sie geplant wurden, ist nicht einfach, zumal für den nicht geschulten Leser. Daher antworten wir zunächst einmal so: Sie wurden geplant im Zentrum jener okkult-politischen Kraft, die, hinter den Kulissen der äußeren Ereignisse wirkend, eine solche Macht errungen hat, dass sie den Gang der Geschichte selbst zu planen, deren Verlauf unter ihre Kontrolle zu bringen vermag. Nennen wir diese Kraft die „Gemeinschaft der Dunkelheit". Erstmals wurde jenes Vorhaben bei der Übergabe der Krim an die Ukraine durch Chrustschow zur Anwendung gebracht. Es war dies in der Tat ein „Geschenk der Danaer". Und es war zugleich der Anstoß zum *Plan der Perestroika*, der in den Jahren 1989-1991 aufhörte, ein konspirologischer zu sein. Um sich hier Klarheit zu verschaffen, muss man sich mit dem Gang der Weltgeschichte sozusagen im Großen auseinandersetzen, und man muss zudem verstehen, dass es nach dem Ende des Ersten Weltkriegs *keinen einzigen* souveränen Staat mehr in der Welt gab, die USA eingeschlossen. Seit jener Zeit wird der Lauf der Geschichte gelenkt vom Kampf übernationaler Komplotte, von der „Gemeinschaft der Dunkelheit", inspiriert von den kosmischen Geistern des Widerstands. Und recht hatte der Amerikaner, der sagte, die Geschichte habe ein Ende.

Kann man den Kampf jener Komplotte eine Verschwörung nennen? – Man kann, wenn man in erster Linie nicht irgendwelche Politik- oder Finanzkreise meint, die in verschiedenen geheimnisvollen Bünden zusammengeschlossen sind, sondern jenen Teil der geistigen, *hierarchischen* Wesen, der der gesunden Evolution entgegensteht. Ja, sie machen sich die Menschen zunutze, denn ihre Interessen liegen beim irdischen

Menschen; spricht man jedoch dabei lediglich von der Gier Einzelner nach der Herrschaft über die Menschheit, so schmälert man den Begriff der Verschwörung. Die Herrschaft begehren mächtige übersinnliche Wesen. Dies aber bedeutet, dass es um die Absicht geht, *die gesamte menschliche Art in ihrem Wesen zu wandeln.* Man kann hier beispielhaft anführen, dass die heutigen Gender-Initiativen Ausdruck jener Absichten sind – um solcherart Politik handelt es sich, sofern man überhaupt von Politik sprechen kann. Die Mehrzahl der Menschen ist schlichtweg nicht in der Lage, dies zu erkennen, daher sind diese Absichten okkulter, also geheimer Natur. Wenn aber jemand etwas Böses gegen uns im Schilde führt, wovon wir nichts wissen, so nennen wir dies – sobald wir davon Kenntnis erlangen – eine Verschwörung. Den Begriff der Verschwörung gilt es als *Terminus technicus* zu gebrauchen. Er ist dem Ausmaß des Bösen, zu dem der Mensch fähig ist, ganz und gar nicht adäquat, denn der Mensch verfügt über einen Selbsterhaltungstrieb. Jene Menschenkreise aber, die sich den Kräften des globalen Niedergangs andienen, arbeiten ihrer eigenen Existenz zuwider. Sie sind somit nicht Verschwörer, sondern selbst Opfer der Verschwörung metaphysischer Kräfte.

Im Sinne des soeben dargelegten sind auch die Handlungen der Kräfte des Guten eine Verschwörung, wenn auch mit umgekehrten Vorzeichen. Denn sie haben sich, auf einen kurzen Nenner gebracht, verschworen, den Menschen zu retten, ohne darauf zu warten, dass er selbst darüber Klarheit erlangt, worin der Nutzen für ihn besteht. Irgendwann wird er es begreifen, jedoch sollte dies nicht zu spät geschehen.

Diener der Hierarchien der gesunden Entwicklung sind die menschlichen großen Eingeweihten, die den Menschen dabei unterstützen, den Weg der normalen Evolution zu gehen. Doch gibt es Eingeweihte auch unter jenen, die dem ungeheuren kosmischen Bösen dienen. Die Weltpolitik ist deshalb okkult, weil sie von ahrimanischen Eingeweihten gelenkt wird.

Im 20. Jahrhundert, an der Schwelle zur irdischen Inkarnation Ahrimans, haben sie besondere Stärke erlangt, haben sich die Marionettenregierungen aller Länder gänzlich untertan gemacht, haben die breitesten Bevölkerungsmassen einer kolossalen psychologischen Gehirnwäsche unterzogen, haben sich de facto sämtliche Bereiche von Kultur und sozialen Beziehungen unterworfen. In den Zeitungen, im Fernsehen werden wir die Gesichter derjenigen, die der „Gemeinschaft der Dunkelheit" angehören, nicht erblicken. Für sie wäre es geradezu demütigend, sich der Masse der ja von ihnen selbst psychisch modifizierten Menschen zu zeigen. Sie sind ganz und gar jenem Höheren zugewandt, das für sie durch ihren „Patron" selbst, also durch Ahriman, verkörpert ist. Es gibt auf Erden Diener einer noch gewaltigeren Macht – asurischer Wesen, zurückgebliebener Archai; und selbstverständlich finden sich auch Diener Luzifers. Dies alles ist der Untersuchung eines wahren Politologen vorbehalten.

Die Anthroposophie spricht davon, dass unserer Weltsphäre, die im Zusammenwirken der sieben Äonen evolutioniert, eine weitere, uns fremde Weltsphäre entgegensteht. Diese hat sich aus unserem Evolutionszyklus herausgelöst und ist bestrebt, diesen zum Stillstand zu bringen und ihren eigenen Zyklus anzustoßen, in dem ein Dasein des Menschen als Schöpfung Gottes nicht vorgesehen ist. Es ist offensichtlich, dass es unmöglich ist, ein so exorbitant umfassendes Thema in einer einzelnen Abhandlung erschöpfend zu betrachten. Zudem ist das Verfassen von Artikeln auf der Grundlage anthroposophischen Wissens generell keine leichte Angelegenheit, denn nahezu jede Frage führt in schier unüberblickbare Weiten der geistigen Welt, fördert eine ungeheure Menge an Wechselbeziehungen zutage und kann nur im Falle einer solchen Betrachtung in ihrem Wesen verstanden werden.

Die Zentren der ahrimanisierten Macht auf der Erde agieren nicht ganz und gar willkürlich. Sie sind über die Gesetze und Tendenzen der natürlichen Entwicklung nicht schlecht informiert und verstellen ihr nicht den Weg. Würden sie dies tun, würden sie von der übermächtigen Gewalt des evolutionären Stroms, in dem höchste Wesen der Hierarchien von unermesslicher Kraft wirken, einfach hinweggefegt werden. In jenen Zentren bewegt man sich mit diesem Strom mit, jedoch sucht man ihn nach Kräften zu verzerren, ihm eine falsche Richtung zu geben, ihn zu verlangsamen oder zu beschleunigen. Besonderes Augenmerk wird dabei auf die Motivation der Menschen gerichtet, die in einer Epoche, da der Mensch die individuelle Freiheit erlangen sollte, immer mehr ins Zentrum der Aufmerksamkeit der Tätigkeit der göttlichen Wesen rückt. Zeigen wir an einem Beispiel, wie dies geschieht. Rudolf Steiner hat überzeugend dargelegt, dass wir uns auf einer Entwicklungsetappe befinden, in der der zentralisierte einheitliche Staat ausgedient hat. Dessen Sozialstruktur fördert die individuelle Entwicklung des Menschen nicht mehr, sie hemmt sie vielmehr. Das ist die Ursache dafür, dass er die Tendenz hat, in eine Diktatur abzugleiten. Es ist an der Zeit, die soziale Dreigliederung im Staat zu etablieren, die einheitliche Macht in drei autonome Machtformen aufzugliedern; in Russland beispielsweise die Staatslenkung nach dem Muster einer Konföderation aufzubauen, die aus drei souveränen Dumas, Parlamenten, ja, auch Sowjets, wenn man möchte, besteht, deren einer sich ausschließlich dem Wirtschaftsleben, der zweite dem Staats- und Rechtswesen, dem politischen Leben also, der dritte dem geistig-kulturellen Leben widmet. Das gesamte Leben eines Staates, der dem Kampf um Macht und Gewinn abschwört, muss aus dem sachlichen, schöpferischen Zusammenwirken dieser drei Sowjets entspringen. Und wenn es Russland tatsächlich darauf abgesehen hat, „Länder zu sammeln", worauf es aufgrund seiner kulturhistorischen Aufgaben ein Anrecht hat, so könnte es eben mittels einer solchen konföderativen sozialen Dreigliederung die Bedingungen schaffen dafür, dass all seine

Bürger sich im geistigen Leben frei entfalten könnten, dass sie in Assoziationen freier, vom Prinzip der Brüderlichkeit geleiteter Unternehmen tätig sein, dass sie wahre bürgerliche Gleichheit genießen könnten. In einem solchen Falle wäre Russland von außerordentlicher Attraktivität, andere Völker würden seine Nähe suchen, ihre Freundschaft und Sympathie wäre Russland gewiss. Dies alles darf nicht nur Traum bleiben, sondern muss dringendes Bedürfnis werden, denn alles, was auf dem Prinzip des einheitlichen Staates basiert, ist dem Untergang geweiht.

Die „Orangen Revolutionen" zerstören im Grunde genommen das, was in jedem Falle todgeweiht ist. Die göttlichen Hierarchien haben dem nichts entgegenzusetzen, wie sie überhaupt dem gesetzmäßigen Prinzip des Absterbens in der Welt, das aller Entwicklung zueigen ist, nichts entgegenzusetzen haben. Ohne den Tod kann kein Neues entstehen. Doch sollten die Menschen darüber nachdenken, wie dieses Prinzip im sozialen Leben seine rechtmäßige Verwirklichung finden kann – nämlich nicht zerstörerisch, auf revolutionärem Wege, sondern evolutionär, auf dem Wege von Wandlungen und Metamorphosen. Den einheitlichen Staat gilt es dreigliedrig zu wandeln. Hätten wir dies in den 90er Jahren vollzogen, als der bolschewistische Koloss zusammenbrach – Russland wäre heute ein Vorbild für andere Völker. Was aber geschieht in der Realität? In der Realität sehen wir uns der Verwirklichung eines globalistischen Projekts gegenüber. Die einheitlichen Staaten erleben ihren Niedergang, um in einem einigen Weltstaat mit einer Weltregierung vereinigt zu werden, deren diktatorischer Kontrolle die gesamte Menschheit unterworfen werden wird. So verzerren die ahrimanischen Mächte die Ziele und den Gang der Entwicklung selbst.

* * *

Die Menschen selbst könnten diesen Deformationen, diesem Wandel spürbaren Widerstand entgegensetzen, würden sie denn begreifen, was mit ihnen geschieht. Daran aber sucht man sie ganz besonders zu hindern. Dabei kann man vieles ohne große Mühen verstehen. Man erinnere sich beispielsweise an die Regierungszeit von Boris Jelzin, der gesagt hat: „Nehmt euch so viel Souveränität, wie ihr schlucken könnt!" Ja, hätte sich die Westukraine damals diese Souveränität genommen! – niemand hätte einen Einwand erhoben. Russland hat ja auch geschwiegen, als sich riesige Gebiete von ihm loslösten. Doch die genannten Kräfte wollen die Konfrontation, sie bezwecken, Hass zwischen den Völkern Russlands zu säen, Hass zwischen anderen Völkern und Russland zu entfachen, um die gewaltige Aufgabe der Vorbereitung der Metamorphose der fünften Kulturepoche zur sechsten zu verhindern. Diesen Hass vorausahnend, bemerkte Rudolf Steiner: „Denn es werden nicht bloß Menschen hassen. Mittel- und Osteuropa wird gehaßt werden, nicht von Menschen, sondern von gewissen Dämonen, die in Menschen wohnen werden. Die Zeit, wo Osteuropa vielleicht noch mehr gehaßt wird als Mitteleuropa, die wird schon kommen" (GA 180, 12.01.1918, S. 251). Und wie viele dieser Dämonen lassen sich in Kiew bereits erschauen! Und gar in Moskau! (So verkündet beispielsweise die unglückselige „Ksjuscha"[2] im Fernsehen: „Russland ist ein Land von genetischem Abschaum und von Trotteln!"; eine weitere Dame (Evgenia Tschirikova) stimmt ein: „Die russische Nation ist das Krebsgeschwür der Menschheit!" Auf diese Weise findet die Obsession der linksgerichteten Dämonen des Hasses ihren Ausdruck, während die rechtsgerichteten dazu aufrufen: Tretet ein in die Reihen der „kosmischen Atom-Orthodoxie" [gemeint

---

[2] Ksenija Sobčak, Tochter eines bekannten Mitstreiters von Boris Jelzin und langjährigen Bürgermeisters von Sankt Petersburg. Sie wurde populär als Moderatorin einiger übermäßig sexualisierter Fernsehshows. Im Volk wird sie dafür verachtet, na und im Gegenzug verachtet sie eben das Volk.

ist das Zusammenwachsen von Armee und militärisch-industriellem Komplex mit der Kirche – Anm. d. Ü.)!

Wird aber Osteuropa seiner Bestimmung nicht gerecht, dann geht seine Aufgabe an andere Völker über, beispielsweise an die lateinamerikanischen, die allerdings nicht auf evolutionärem Wege darauf vorbereitet sind. Die gesamte Entwicklung der Menschheit wird damit noch mehr in Richtung der ahrimanischen Absichten gedrängt werden. *Und es sind ebendiese Absichten, die hinter den Entwicklungen in der Ukraine stehen.* Das, was dort geschieht, ist nicht heute erdacht worden; und was besonders interessant ist – es wurde darum kein Geheimnis gemacht. Selbst wenn man nicht auf die Kenntnisse des Übersinnlichen zurückgreift, kann man verstehen, dass das, was heute vor sich geht, Teil eines Gedankenentwurfs ist, der bereits irgendwann am Ende des 19. Jahrhunderts entstanden ist. Es ist einer der Pläne, an deren Verwirklichung eine Vielzahl von Menschen beteiligt sind – die Mehrheit halbe Dilettanten, die nicht zu viel erfahren dürfen, aber über das eine oder andere durchaus in Kenntnis gesetzt werden sollen. Und zu diesem Zweck gibt man ihnen bestimmte Zeichen, oftmals in Form von politischen Weltkarten. Sie werden veröffentlicht, jedoch dergestalt, als seien es zu nichts verpflichtende freie Spekulationen einzelner Menschen zu einem bestimmten politischen Thema. Wenn aber das, was auf diesen Karten dargestellt ist, seine Verwirklichung findet, kann sich schon niemand mehr an diese erinnern. In unseren Veröffentlichungen haben wir bereits über eine dieser Karten berichtet, die im Jahr 1890 im englischen Satirejournal „Truth“ veröffentlicht wurde. Dort erblickt man Europa so, wie es sich später, nach Ende des Ersten Weltkrieges, darstellte! An der Stelle Russlands findet sich das Wort „Wüstenei“, zu der das Land nach der bolschewistischen „Orangen (in diesem Falle Roten) Revolution“ ja auch wurde. Diese Karte sei hier angezeigt; die sie umgebenden Zeichnungen sind dazu angetan, dem Historiker, der sich auf

jenen geschichtlichen Abschnitt spezialisiert, vieles klarzumachen. Das Ganze ist überschrieben mit „Des Kaisers Traum“. „Geträumt“ hat ihn natürlich nicht der Kaiser – jener war in politischen Angelegenheiten ein Laie. „Gesehen“ haben ihn damals Kreise des britischen (und offensichtlich auch des lateinischen – im Sinne des politisierten Katholizismus) okkultpolitischen Establishments. Inspiriert aber wurde er von Ahriman. Jener „Traum“ enthielt auch bereits den Plan eines „sozialistischen Experiments“ der Jahre 1917–1991. 1991 war das „Experiment“ abgeschlossen, alle notwendigen Erkenntnisse waren gezogen und in der „Schatztruhe“ des Wissens abgelegt worden, das für das Globalisierungsprojekt gebraucht wurde. Ein weiteres Experiment wurde angestoßen. Und wo wäre der beste Schauplatz dafür, wenn nicht in Osteuropa, in der „Wüstenei“? Auch von diesem Experiment kündet eine Karte, publiziert in der Septemberausgabe des Journals „Foreign Affairs“ des Jahres 1993. Auf dieser Karte (siehe unten) erblickt man eine fette Linie, die Russland von Westeuropa trennt. Diese

„Trennlinie", so wird in dem Text erläutert, bezeichnet „die Grenze, bis zu der sich im Jahr 1500 das westliche Christentum ausgebreitet hatte". Daher teilt diese Linie Teile der Ukraine und Weißrusslands ab und ordnet diese somit dem Westen zu. Im Ganzen aber ist dies die Grenze, die die „euro-asiatische Zivilisation Russlands" vom übrigen Europa trennt.

Eine weitere Karte, im Jahre 1990 in der amerikanischen Zeitschrift „The Economist" abgedruckt, zeigt diese „euro-asiatische Zivilisation" in Gänze; begrenzt von einer fetten Linie, steht sie in der Welt als eine Art Insel da, und es findet sich eine Reihe weiterer „Inseln": „Konfuzianien", „Islamistan" usw. Da auf Karten dieser Art alles einen Sinn hat, so muss man sich fragen, ob die Dicke der Linien nicht anzeigt, dass jene „Zivilisationen" voneinander isoliert werden sollen? Isolation aber bedeutet zugleich Konfrontation. Im Grunde genommen sehen wir uns hier einer erweiterten Variante von Orwells „1984" gegenüber.

Somit ist über die Abspaltung der westlichen Ukraine von der östlichen (ebenso wie von der Abspaltung Weißrusslands!) bereits 1993 offen gesprochen worden. Man könnte uns entgegnen, es handele sich hier um eine ganz zufällige Übereinstimmung, ein gewisser amerikanischer Politologe, Huntington, habe, als er seine Karten zeichnete, freihändig irgendwelche Grenzen gezogen, und überhaupt sei dies lediglich Produkt seiner subjektiven Phantasie usw. – Einen Disput diesbezüglich zu führen ist zwecklos. In erster Linie schon deshalb, weil wir hier *Symptome* betrachten, die in einem möglichst breiten und langandauernden Verlauf beobachtet werden müssen. Daher sei, unter Berücksichtigung dieser Karten, darauf aufmerksam gemacht, dass Politiker verschiedenster Couleur unablässig daher beten: „Ja, soll doch die Westukraine sich abteilen!"; „Was sollen uns diese Anhänger von Bandera [radikaler ukrainischer Nationalist, kollaborierte mit den Nationalsozialisten – Anm. d. Ü.]! diese Faschisten!"; „Sie hat niemals zu Russland gehört"; „Sollen sie auch Kiew mitnehmen!" (dies die Worte eines Neobolschewiken); „Sie sollen auch das Donezbecken haben; es ist sowieso nichts als eine wirtschaftliche Last!" usw. Dies hört man in Russland, zuweilen aber auch im Westen, wie eine Art Parole, die zeigt, dass derjenige, der sie ausspricht, in den „Plan" eingeweiht ist.

Doch man hört noch mehr. So hat zum Beispiel Kissinger in einem CNN-Beitrag angemerkt: „Kiew hieß einst Kiewer Rus. Damit hat die politische und mehr noch die religiöse Entwicklung Russlands in Kiew ihren Anfang genommen. Dann kam es zu einer Teilung, doch seit Ende des 17.–Anfang des 18. Jahrhunderts war die Ukraine Bestandteil Russlands. Und ich kenne keine namhaften Russen, egal ob er Dissident ist oder eine Regierungsposition innehat, der die Ukraine nicht mindestens als einen wichtigen Teil der russischen Geschichte empfindet. Deshalb können die Russen der Zukunft der Ukraine nicht gleichgültig entgegensehen. … Um die Position Russlands zu verstehen, muss man die Geschichte betrachten." Hier nun klingt die Absicht durch, Russland die gesamte Ukraine zurückzugeben. Und es spricht dies nicht nur ein ehemaliger Staatssekretär, sondern ein Mensch, der gewiss Zugang hat zu jenen Kreisen, die die Weltgeschichte planen.

Dass das „Wohlwollen“ nach außen hin seinen Ausdruck findet in einer scharfen Konfrontation, begleitet von der Androhung von Sanktionen usw. – dies sollte uns nicht in die Irre führen. Man erinnere sich nur daran, wie die Entente reagierte, nachdem Russland von den Bolschewiken erobert worden war. Heute ist von Geschichtsforschern hinlänglich nachgewiesen, dass die Bolschewiken allein durch die Unterstützung von England und Frankreich in der Lage waren, ihre Macht zu erhalten. Nach außen hin aber unterstützte die Entente ihre ehemaligen Verbündeten – die Weiße Garde. Überhaupt wurde das sozialistische Experiment in Russland in seinem gesamten Verlauf unter dem Zeichen eines unversöhnlichen Kampfes mit dem Westen geführt, denn auf diese Weise lassen sich geheime Absichten leichter verschleiern. Und es gibt keinen Grund zu vermuten, daran werde sich nun etwas ändern.

* * *

Aber wie auch immer die politischen Ereignisse sich entwickeln – weder durch äußere Beschreibung, noch durch konspirologisches Verständnis können die Vorgänge in ihrem Wesen erklärt werden. Bei der Suche nach diesem Wesen müssen wir uns der übersinnlichen Realität eines recht umfassenden Abschnitts der Weltgeschichte zuwenden, in dessen Verlauf sich das Werden der Völker vollzog, die heute Europa besiedeln. Solcherart Erkenntnisse kann man allein aus der Anthroposophie Rudolf Steiners schöpfen.

Rudolf Steiner war von der Entwicklung der russisch-ukrainischen Beziehungen zu Beginn des 20. Jahrhunderts ausgesprochen beunruhigt. In einem Vortrag, gehalten im Winter 1916–1917 (das genaue Datum lässt sich nicht ermitteln, die Veröffentlichung steht noch aus), berichtet er von einer Karte, die in der Mitschrift des Vortrags nicht erhalten ist, die von dem bedeutenden ersten anthroposophischen Politologen Karl

Heise jedoch später aufgefunden und publiziert wurde. Jene Karte stellt auch den Plan des künftigen Europa dar. Zur Erklärung merkt Rudolf Steiner an: „Die ganze Symbolistik dieser okkulten Bruderschaften des Westens aber läuft darauf hinaus, einzelne Menschen, ja ganze Volksmassen so zu ergreifen, dass man sie egoistischen Sonderinteressen dienstbar machen kann. [...] Das Zentrum, von dem alle diese unheilvollen Einflüsse ausgehen, ist nicht der Grand Orient de France, es ist in England zu suchen. Der Grand Orient hat nicht mehr viel zu sagen, er ist veräußerlicht. Viele russische Großfürsten gehörten zu ihm. [...] Es war für diese englische Bruderschaft die höchste Zeit 1914, ihre Intentionen auszuführen, denn in einigen Jahren wäre ein Krieg zwischen Frankreich und Deutschland für sie nicht mehr anzufachen gewesen. Die Grundgedanken (Hass-Revanchegefühl) wären dann nicht mehr aufzupeitschen gewesen in Frankreich. Man ergriff daher die erste Gelegenheit, den Krieg zu entfachen. [...] England [heute muss an dieser Stelle von Amerika gesprochen werden – Anm. d. A.] will keinen Frieden, da sein Ziel ja noch nicht erreicht ist, eine englische Weltherrschaft zu errichten nach dem Muster der altrömischen. Die hat man sorgfältig studiert, auch alle Fehler hat man studiert, die da gemacht worden sind, damit man sie vermeide. [...] Lloyd George ist jetzt bewusstes Werkzeug dieser Mächte, er ist ganz frei von Puritanismus. [...] Die Zerschmetterung Deutschlands, die Zugrunderichtung der sogenannten lateinischen Rassen, die Vormundschaft über Russland, alle Ziele dieser okkulten Bruderschaft sollen jetzt erreicht werden. Darum werden alle Friedensabsichten zunichte gemacht. [...] Wenn die Franzosen wüßten, was ihre englischen Freunde mit ihnen vorhaben, sie können einem wirklich leidtun. Der moralische Niedergang der britischen Staatskunst setzt ein mit den 40er Jahren des vorigen Jahrhunderts. [...] ihr einziges Ziel ist, alle Völker der Erde zu ihren Heloten zu machen [...] Warum wurde Rasputin ermordet? Er wollte keinen Krieg. Der Mörder hat lange in westlichen Ländern gelebt, studierte in Oxford, da hat man die Triebfeder für den Mord." „Wenn man," so Rudolf Steiner weiter, „die Geschehnisse des russisch-japanischen Krieges studiert, da sollte man immer im Auge behalten eine Persönlichkeit, die damals am russischen Hofe eine ungeheuer einflußreiche Rolle spielte, der französische Arzt Encausse, genannt Papus."

Ein Mensch von liberal-demokratischen Ansichten wird, wenn er diese Mitteilung Rudolf Steiners liest, wohl meinen: Wieder einmal eines dieser Machwerke von Konspirologen, die meinen, an allen Übeln der Welt seien allein die Freimaurer schuld! Doch wird dieser Leser mit seiner Meinung

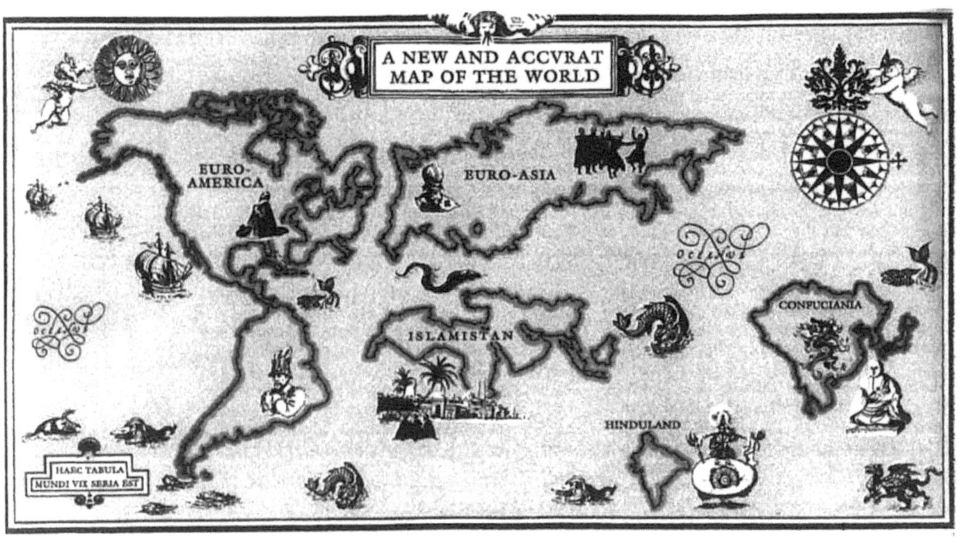

The 'new and accurat' map of the world published in September 1990 by The Economist

einen großen, ja man kann sagen, tragischen Fehler begehen. Rudolf Steiner stand nie auf der Seite irgendwelcher politischen, erst recht nicht okkult-politischen Weltkräfte. Und er befasste sich schon gar nicht mit ihrer Kritik. Seine Aufgabe war es, uns die Methode der historischen Symptomatologie zu lehren, wenn wir die sozialpolitische Phänomenologie unserer

Zeit zu erkennen suchen. Er zeigt auf, dass der heutige Mensch in das Zentrum eines gigantischen Weltkampfes gestellt ist. Darin gibt es einen linken und einen rechten Pol, deren Existenz im politischen Leben bestimmt ist vom Widerstreit ahrimanischer und luziferischer Kräfte. Sowohl die Liberalen als auch die Rechtskonservativen (in deren Kreisen sich die Konspirologen mehrheitlich bewegen) sind lediglich mit dem äußerlichen politischen Gegensatz befasst, sie begreifen das politische Leben als ein rein exoterisches. Und im Grund genommen sind sie Dualisten in der Politik. Für sie ist alles in der Welt dual, darunter auch die Ethik. Jede der beiden Seiten wähnt, absoluter Hüter des Guten zu sein und sieht die jeweils andere Seite als den Hort des Bösen. In allen Fragen des Lebens der Welt urteilen sie nach dem Prinzip: entweder – oder. Rudolf Steiner bietet hier eine Dreiheit an. In diesem polaren Widerstreit ist das wesentliche Element der Mensch. Er ist es, um den jene Dualität kämpft (nicht aber um den Besitz von natürlichen Ressourcen), um ihn vom Wege der rechten Evolution abzubringen. Der Mensch jedoch steht vor der Aufgabe, die zerstörerische Kraft dieser Dualität zu neutralisieren und sie ständig zum Motor der menschlichen Entwicklung zu machen. Denn ihre Existenz ist unumgänglich und notwendig. Ihr Entstehen ist durch die Aufgaben der Entwicklung der menschlichen Individualität bedingt. Die Dualität an sich ist kontraproduktiv, und es obliegt dem Menschen, unablässig nach einer Möglichkeit zu suchen, die ihn zerreißenden Gegensätze zu neutralisieren. Wenn er nun aber einer der beiden Seiten den Vorrang gibt, stürzt der Mensch sich selbst ins Verderben und trägt zur Zerstörung der Welt bei. Rudolf Steiner zeigt auf, wie jener Gegensatz zu neutralisieren ist. In einem seiner Vorträge sagt er darüber folgendes: „Denn es gibt da nur ein Entweder-Oder: Entweder es bleibt das Bestreben im bloßen Wirtschaftsimperium, dann ist der sichere Untergang der irdischen Zivilisation die notwendige Folge – oder es wird Geist in dieses Wirtschaftsimperium hineingegossen, dann wird dasjenige erreicht, was mit der Erdentwickelung eigentlich beabsichtigt war. Ich möchte sagen: Jeden Morgen sollte man sich das in ganz ernsthaftiger Weise vorhalten, und alle einzelnen Handlungen sollte man im Sinne dieses Impulses einrichten. Die Weltenstunde schlägt durchaus ernst in der Gegenwart. In furchtbarer Weise schlägt diese Weltenstunde ernst. Wir sind gewissermaßen im Höhepunkt der Phrasenhaftigkeit angelangt. Wir müssen in dem Zeitpunkt, in dem aus der Phrase ausgequetscht ist aller Inhalt, der einmal in die Menschen in anderer Art hereingekommen ist und der für heute keine Bedeutung hat, aufnehmen dasjenige, was in unser seelisches und soziales Leben wiederum wirklichen substantiellen Inhalt hineinbringen kann. Wir müssen uns klar darüber sein, daß dieses Entweder-Oder eigentlich jeder heute für sich selbst zu entscheiden hat und daß jeder mit seinen innersten Seelenkräften an dieser Entscheidung teilnehmen muß. Sonst lebt man eigentlich nicht die Angelegenheiten der Menschheit mit.

Aber die Sehnsucht nach der Illusion ist insbesondere heute im Zeitalter der Phrase eine ungeheuer große. Man möchte so gerne sich über den Ernst des Lebens hinwegtäuschen. Man möchte nicht hinschauen auf die Wahrheit, die waltet in unserer Entwickelung. Wie hätte sich die Menschheit sonst täuschen lassen von dem Wilsonianismus, wenn sie wirklich das innigste Bestreben hätte, sich durch die Wahrheit aufzuklären? Das muß kommen. Es muß in den Menschen erwachsen die Sehnsucht nach der Wahrheit. Vor allen Dingen muß in den Menschen wachsen die Sehnsucht nach der Befreiung des Geisteslebens und die Erkenntnis, daß keiner ein Recht hat, sich Christ zu nennen, der nicht den Ausspruch begreift: ‚Mein Reich ist nicht von dieser Welt.‘

Das heißt, das Reich des Christus muß werden ein unsichtbares Reich, ein wirkliches unsichtbares Reich, ein Reich, von dem man spricht als von unsichtbaren Dingen. Nur wenn die Geisteswissenschaft waltet, wird man von diesem Reiche sprechen. Nicht eine äußere Kirche, nicht ein äußerer Staat kann dieses Reich verwirklichen, nicht ein Wirtschaftsimperium. Verwirklichen kann dieses Reich allein der Wille des einzelnen Menschen, der da lebt in dem befreiten Geistesleben" (GA 196, 22.02.1920, S. 289–290).

* * *

Rudolf Steiner erschließt uns in seinen Vorträgen Material von außerordentlicher Bedeutung, wenn er aufzeigt, wie im Verlauf der kulturhistorischen Entwicklung die Idee von der Weltherrschaft sich ausformte, wie die Zentren der okkult-politischen Macht sich ausbildeten. Diese Zentren nennt er „Geheimgesellschaften" und erklärt, diese seien nicht einfach freimaurerisch, sondern nutzten das Freimaurertum, das in unserer Zeit einen tiefen Niedergang erlebt, für ihre Zwecke. Eine große Rolle spielen dabei auch die Kräfte des militanten Katholizismus, d.h. das Jesuitentum, sowie einige andere. Rudolf Steiner charakterisiert die Rolle der angelsächsischen Welt innerhalb dieser Gesellschaften, sowie deren Ziele und Vorgehensweisen so: „Gerade im Gebiete der englischsprechenden Bevölkerung ist auf der einen Seite ein gewaltiger Gegensatz vorhanden zwischen dem, was so im öffentlichen äußeren Bewußtsein als Ideen vorkommt, und dem, was hinter den Kulissen der Weltgeschichte diejenigen meinen, die in die Ereignisse des Weltenganges wirklich eingeweiht waren oder sind" (GA 196, 09.01.1920, S. 10).

Das allgemeine Bewusstsein, die edelsten Bestrebungen, die besten öffentlichen Publikationen dieser Gegenden der zivilisierten Erde würden beherrscht von den Idealen der Humanität. „Hinter diesem äußeren Streben steht das Wissen der Eingeweihten, das Wissen der tonangebenden Eingeweihten. Und ohne daß die Öffentlichkeit das weiß, [...] fließen die Urteile, die richtunggebenden Kräfte von Seiten gewisser eingeweihter Kreise in die öffentliche Meinung und in den davon abhängenden Gang der Ereignisse, der äußeren Taten ein.

Es kann sich da oder dort irgendeine Gesellschaft auftun mit schönen Programmen, schönen Idealen. [...] Aber es lebt bei ihnen, ohne daß sie es wissen, nicht nur dasjenige, wovon sie reden, sondern es gibt Mittel und Wege, um in alle diese Dinge eindringen zu lassen dasjenige, was man [...] von Seiten der Eingeweihten eindringen lassen will. [...]

Wenn man in der Lage ist, zu verfolgen, was innerhalb der Kreise der Eingeweihten auf diesem Felde gelehrt und gesprochen worden ist, dann weiß man, daß da mit einer großen Sicherheit vorausgesagt worden sind die Dinge, die als die schrecklichen, furchtbaren Dinge in den letzten fünf Jahren sich über die zivilisierte Welt ergossen haben. Alle diese Dinge waren den Eingeweihten der englischsprechenden Bevölkerung durchaus nicht etwa ein Geheimnis, und durch alle Erörterungen hindurch geht die folgende Diskrepanz: Auf der einen Seite schöne exoterische Ideale, das Ideal der Humanität mit dem wirklichen Glauben an dieses Ideal der Humanität in den verschiedensten Formen von Seiten der Uneingeweihten; auf der andern Seite die Lehre, die bewußte, streng vertretene Lehre, daß alles dasjenige verschwinden müsse aus der modernen Zivilisation, was romanische, was mitteleuropäische Kultur ist, daß prädominieren müsse, zur Weltherrschaft gelangen müsse, was die Kultur der englischsprechenden Bevölkerung ist." (ebd., S. 10–11).

Wir können hier nur einzelne Auszüge aus den Mitteilungen Rudolf Steiners zu dem uns interessierenden Thema darlegen, und so sind wir uns der Unmöglichkeit durchaus bewusst, die Bedeutung der Vorgänge in der heutigen Welt auf erschöpfende Art und Weise darzustellen. Dafür wäre vonnöten, dass der Leser sich dem systematischen Studium der Werke Rudolf Steiners zuwendet. Hier seien lediglich einzelne

Schlüsselanmerkungen dargelegt, um zumindest einen Aspekt des Weltlebens nicht allein im Bereich der Politik, sondern im Bereich nahezu jeglicher Lebensform der modernen Zivilisation zu unterstreichen – nämlich den, dass tonangebend darin die Eingeweihten sind, Eingeweihte in dem Sinne, wie sich dies in den Mysterien darstellt, da der Mensch in das eine oder andere *bewusste* Verhältnis zu den Wesen der übersinnlichen Welt gebracht wird. Diese heutigen Eingeweihten sind Eingeweihte ahrimanischer Mysterien. Dies aber bedeutet, dass kein politischer Kampf gegen sie etwas ausrichten kann, dass jedwede Auseinandersetzung mit ihnen vom Standpunkt des Humanismus, der Demokratie aus reine Zeitverschwendung wäre. Das einzige, das die Menschen ihrem gefährlichen Tun entgegenstellen können, ist ein möglichst umfassendes Verständnis dieses Wirkens und der Appell an die Kräfte der göttlichen Hierarchien, an den Geist unserer Zeit, den Erzengel Michael, und an Christus selbst, dessen Antlitz gegenwärtig Michael ist.

Doch stellt die Existenz der ahrimanischen Einweihungszentren in den Geheimgesellschaften des Westens nicht die einzige Belastung unserer Zeit dar. Denn es existieren darüber hinaus noch die luziferischen Eingeweihten des Ostens. Das besondere an ihnen, so Rudolf Steiner, ist: „[…] die reden anders, beziehungsweise nach der alten Gepflogenheit des Orients: Sie reden gar nicht. Sie haben andere Wege, um dasjenige […] in soziale Wirksamkeit zu bringen, was sie eigentlich wollen. Sie wollen erreichen, daß nun nicht von irgendeiner Seite Weltherrschaft angestrebt werde, denn sie sind sich klar darüber […], daß, wenn es noch irgendein Herrschaftsverhältnis auf der Erde gibt, dieses nur sein kann das der englisch-amerikanischen Menschheit. Das wollen sie aber nicht. Deshalb wollen sie eigentlich die Zivilisation der Erde verschwinden lassen. Sie sind ja im intensivsten Grade bekannt mit der spirituellen Welt, und sie sind der Überzeugung, daß die Menschheit besser fortkommt, wenn sie sich den folgenden irdischen Inkarnationen entzieht. […] Für diese Eingeweihten des Orients werden die Ergebnisse des Leninismus nichts Schreckhaftes haben, denn diese Eingeweihten des Orients sagen sich: Wenn diese Institutionen des Leninismus sich immer mehr und mehr über die Erde verbreiten, so ist das der sicherste Weg, die Erdenzivilisation zugrunde zu richten. [Hier liegt die eigentliche Erklärung für die Sympathien, die Nicholas Roerich für den Bolschewismus hegte – Anm. d. A.] Das aber wird gerade für die Menschen das Günstige sein, die durch ihre bisherige Inkarnation sich die Möglichkeit verschafft haben, weiter fortzuleben ohne die Erde.“ (ebd., 09.01.1920, S. 12–13). (Angemerkt sei bezüglich dieses letztgenannten Details, dass die gewöhnlichen Menschen nach dem Tode zur Erde zurückkehren, sobald sie eine entsprechende Evolution in der übersinnlichen Welt durchlaufen haben. Sie empfinden den machtvollen Drang nach einer neuen Inkarnation, und die geistige Welt drängt sie zu dieser hin, beginnt sie zu versengen. Wäre die Möglichkeit einer erneuten Inkarnation auf der Erde ausgeschlossen, so würde das Sein der Seelen nach Abschluss des höheren Zyklus zu einer wahren Hölle. Diesen Zustand ohne Schmerz zu tragen sind nur diejenigen imstande, die auf der Erde die höheren Bewusstseinsformen erlangt haben.)

Das sind die Gegensätze, in deren Zentrum der Mensch gestellt ist. Und seine vornehmliche Pflicht ist das Wissen darum. In unserer Zeit ist dies besonders aktuell geworden, denn die genannten Gegensätze der Welt, so scheint es, haben die Absicht, ihren Widerstreit durch Krieg zu entscheiden.

* * *

Setzen wir nun unsere unmittelbare Betrachtung fort, gerüstet mit einem Wissen, das uns befähigt, tiefer in die Dinge einzudringen. In dem bereits zitierten, noch unveröffentlichten

Vortrag sagt Rudolf Steiner weiter: „Die […] Karte, die seit den 80iger Jahren [des 19. Jahrhunderts] in allen Einzelheiten immer wieder gezeichnet wurde und wird in diesen okkulten Bruderschaften, zeigt deutlich genug die Kriegsziele Englands. […] Der nördliche Teil Griechenlands bildet einen Teil des Südslavischen Reiches unter Englands Herrschaft. […] Deutschland und Österreich behalten nur die innersten Kernländer. *Polen, Litauen, Galizien, Bukovina* [Hervorhebg. d. A.] kommt zu Rußland. Es sollen zwei große Imperien in Europa bestehen: ein englisches und ein russisches. Das russische Imperium wird vom englischen unterhalten und steht unter seiner Vormundschaft […] Man muß einen Gegenpol im russischen Volk haben."

Dies war der Plan, den man gefasst hatte. Dementsprechend gestalteten sich die Ereignisse des Jahres 1939. Daraus folgt aber, dass die grausamsten Tyrannen der Neuzeit auch nur Marionetten waren, Vollstrecker eines fremden Willens. Begreifen die Völker dies erst einmal, so müssen sie sich fragen: Ist es gerechtfertigt, sich in gegenseitigem Hass zu zerfleischen, wo sie doch Brüder im Unglück sind?

In einem Vortrag, den Rudolf Steiner am 22. Dezember 1917, also bereits nach dem Umsturz in Russland hielt, sagt er: „1914 hat ein Weltereignis begonnen, das man […] am Anfange einen Krieg nennen konnte zwischen der Entente und den europäischen Mittelmächten. Unter dem aber, was so genannt wird, waltet etwas wesentlich anderes, stehen einander ganz andere Feinde gegenüber! Und in unseren Tagen kündigt sich uns an ein ernstes Symptom von dem, was glimmend waltet unter dem, was wir recht uneigentlich noch einen Krieg zwischen der Entente und den Mittelmächten nennen, kündigt sich uns an ein Symptom, das da besteht in dem traurigen Aufeinanderprallen der Bevölkerung Nord- und Südrußlands, […] ein bedeutungsvolles Symptom für das, was unter den Ereignissen glimmt. Die Menschen lieben es nicht, daß die Dinge heute beim rechten Namen genannt werden [...]" (GA 179, S 156–157).

Zwei Tage später, am 24. Dezember 1917, greift Rudolf Steiner dieses Thema noch einmal auf. Er spricht davon, dass man „[...] geradezu die Signatur finden [kann] für dasjenige, was sich vorbereitet in dem Augenblicke, in dem diese katastrophalen Ereignisse hereinbrachen und was jetzt [...] seinen symptomatischen Ausdruck findet in der Stimmung zwischen Nord- und Südrußland, *in der Entfesselung der russisch-ukrainischen Feindschaft* [Hervorhebg. d. A.], ein Symptom, das viel bedeutungsvoller leuchtet, wenn man die Ereignisse nimmt, die sich vorbereiten, als alles dasjenige, was die Menschen heute so gern in ihrer Bequemlichkeit als wichtige Ereignisse hinnehmen möchten" (GA 180, S. 36).

Alles von Rudolf Steiner Gesagte ist erfüllt von einem tieferem Sinn, und so sollten wir, wenn wir uns dies vor Augen halten, wenigstens einen Anflug von Verwunderung empfinden angesichts dessen, dass er Ereignissen, die – wie auch immer man sie betrachtet – doch eher von örtlich begrenzter Wichtigkeit sind, eine solch große Bedeutung beimaß. Doch wird unsere Verwunderung weichen, wenn wir uns dieser Frage nicht nur geisteswissenschaftlich, sondern auch, wie man sagt, aus der Ferne nähern – aus jener Zeit heraus, die der Entstehung der kulturhistorischen Epochen voranging.

* * *

Wenden wir uns hier nun den Evolutionsetappen zu, die man in der Geisteslehre die „Wurzelrassen" nennt. Die größte Besonderheit dieser Etappen besteht darin, dass der Mensch, indem er sie durchläuft, eine *Artenmetamorphose* erlebt. Eine dieser Wurzelrassen wird als die der Atlantier bezeichnet. In dieser Epoche wurde der kulturhistorische Prozess in Gang gesetzt. Der Atlantische Kontinent wurde durch Naturgewalten zerstört, und in einem Prozess, der über mehrere Jahrhunderte andauerte, ist er allmählich zum Grund des Atlantischen Ozeans geworden. Die Bevölkerung von Atlantis wanderte aus nach Westen wie nach Osten. Jene Völkermassen, die sich ostwärts wandten, bewegten sich entlang des nördlichen Afrika (dies war der südliche Strom) und entlang des heutigen Südrussland (der nördliche Strom). Dieser nördliche Strom drang nach und nach vor bis nach Indien, der größere Teil jedoch siedelte sich an in den riesigen Gebieten, die sich von den Bergen des Ural bis zum Baikalsee erstrecken.

Die Entwicklung unserer, der nachatlantischen Wurzelrasse, gegliedert in sieben Kulturepochen, hat ihren Ursprung in Indien. Die Epochen wechselten einander ab in einer gleichmäßigen Aufeinanderfolge von Metamorphosen, sich bewegend von Ost nach West – über Persien, Ägypten, Griechenland, Rom. Die in der zeitlichen Abfolge letzte, die fünfte, stellt die heutige, die europäische Kulturepoche dar. Allmählich sollte sie sich metamorphosieren zur sechsten, der slawisch-germanischen Kulturepoche, und dies wird die Bewegungsrichtung der Kulturepochen ändern – sie wird sich nunmehr vollziehen von West nach Ost; dies aber wird – berücksichtigt man den gewaltigen Einfluss der kompliziert ausdifferenzierten Aura der Erde, die eng verknüpft ist mit deren Geographie, mit den Naturreichen (den Elementargeistern der Natur) – ein äußerst bedeutsamer Faktor für die Veränderung des Charakters der Menschheitsevolution sein. Im weiteren wird sich die sechste Kulturepoche metamorphosieren zur siebenten, der amerikanischen, und damit wird eine große Periode zu Ende gehen, die man die fünfte Wurzelrasse nennt, in der der Mensch als Art – jedoch bereits ein jeder in sich (der einzelne Mensch als Art) – aufstreben soll zur ersten Stufe seines *individuellen Überbewusstseins*. Das Wissen darum hilft zu verstehen, wie bedeutsam schon in unserer Zeit die Individualisierung des Menschen ist und warum die Geister des Widerstands so unversöhnlich dagegen ankämpfen. Dieser Prozess verläuft nicht nur im kulturhistorischen Kontext, sondern auch evolutionär, auf genetischer Ebene, denn wir sprechen hier von einer Artenmetamorphose. Begreifen wir dies, so werden uns die gewaltigen Ausmaße der verschiedenartigen genetischen, Gender-, juvenilen, „sexuell-revolutionären“ und weiteren Maßnahmen, die im Maßstab der gesamten Menschheit realisiert werden, nicht weiter überraschen. Im politischen Kampf nehmen sie lediglich ihren Anfang.

Im Hauptstrom der Kulturentwicklung, der von Indien aus nach Europa hin sich bewegte, vollzog sich das Mysterium von Golgatha, dort wirkten Tendenzen und reiften die Früchte einer Kultur, die das Leben der gesamten modernen zivilisierten Menschheit, in erster Linie Europas, prägen. Der nördliche Strom der Übersiedler aus Atlantis verharrte über Jahrtausende in einer art „latentem“ Zustand, ohne eine äußere, uns bekannte Kultur zu entwickeln. Im 3.–2. Jahrhundert v. Chr., im Zusammenhang mit der Hebung des sibirischen Kontinents und dem rauher werdenden Klima, wandte sich dessen alteingesessene Bevölkerung nach Westen und gelangte nach Europa. Sie ist es, aus der die heutigen Völker sich formten, indem sie sich mit der lateinischen, der keltischen Urbevölkerung vermischte und die Kultur des südlichen Stroms übernahm.

Im Zuge jener großen Völkerwanderung erreichten auch jene Volksstämme ihre heutigen Siedlungsgebiete, die man später die slawischen nannte – Poljane, Drewljane usw. Nördlich von ihnen und früher dorthin eingewandert siedelten die Finnen. Sie gelangten auf dem südlichen Wege aus Atlantis in den Osten, bewegten sich dann weiter nach Norden und wandten sich schließlich entlang des heutigen Nordens Russlands nach Westen. Es war dies ein Teil der großen mongolischen Rasse.

Vor der Ankunft der Slawen besiedelten die Finnen große Gebiete, die den Waldai und selbst das heutige Moskauer

Gebiet einschlossen. In einem Vortrag Rudolf Steiners vom 9. Januar 1914 findet sich eine Zeichnung, die die uralte Konfiguration jener Aura darstellt, in der sich die slawischen und die ugro-finnischen Völker vereinten (vgl. Abb. 1). Eine ihrer bedeutsamsten Eigenheiten ist es, dass die Seele – im Gegensatz zum Hauptkulturstrom, wo sich die individuelle *dreigliedrige Seele* ausprägte – bei den Finnen einen archetypischen, angeborenen gentilen Charakter hatte. Die Slawen der alten Rus trugen *in gleicher Weise* die *einheitliche Seele* in sich. Das sehr spezifische Werden der östlichen slawischen Volksstämme zu einem Volk nahm seinen Anfang.

Hier ist es an der Zeit, den Leser darauf hinzuweisen, dass wir es hier mit einer so bedeutsamen Frage der Evolution der Welt und des Menschen zu tun haben, dass es undenkbar ist, sie im Rahmen einer einzelnen Abhandlung erschöpfend zu beleuchten. Insofern werden wir uns hier mit einer Art kurzem Abriss begnügen müssen.

Die mitteleuropäische Kultur hat dank Goethe, dem Goetheanismus und der Anthroposophie eine Brücke geschlagen von dem im Zuge der kulturhistorischen Entwicklung eroberten niederen „ich“ zum Christus-Ich. Und dies ist im Grunde genommen die Generallinie der gesamten Entwicklung der europäischen Kulturepoche, die den Staffelstab weitergeben wird an die sechste Kulturepoche wie auch an die gesamte weitere Entwicklung der Menschheit. Und es ist dies nicht der Weg einzelner Menschengruppen, sondern der des einzelnen Menschen.

Damit dies geschehen kann, muss eine Brücke geschlagen werden von der fünften zur sechsten Kulturepoche, denn erstere ist die Epoche der *Vorbereitung*, letztere dagegen die Epoche der *Verwirklichung* des Christentums. Und eben die Slawen sind dazu berufen, in der fünften Epoche den Weg zu ebnen zu dieser Verwirklichung.

Die ganze Besonderheit der individuellen Entwicklung unter den Bedingungen der sich vollziehenden Metamorphose der fünften Kultur zur sechsten (die dem in der Anthroposophie gewiesenen Weg der Einweihung innewohnt) besteht darin, dass es dem Menschen obliegt, die ganze Fülle seines individuellen, unter den Bedingungen der irdischen Kultur zu entwickelnden Ich möglichst gründlich beherrschen zu lernen, um es dann Christus zum Opfer darzubringen mit den Worten (und natürlich auch dem entsprechenden Tun): nicht „Ich", sondern das Christus-Ich in mir.

Das bedeutet, dass es dem Menschen nicht gegeben ist, mittels einer einfach nur linearen Entwicklung – selbst wenn sie ihn mit dem höheren Ich in Berührung kommen lässt – in die Welt des Geistes einzudringen und sich im weiteren ausschließlich dort zu verwirklichen. Zwar beharren alle alten Einweihungsschulen auf diesem Postulat, jedoch ist es ihnen genau aus diesem Grunde unmöglich, die Schlüsselstellung des Mysteriums von Golgatha zu begreifen. (Anbei sei angemerkt, dass es auch keine einzige christliche Kirche gibt, die dies vermag.)

Wahre höhere Entwicklung ist immer verwoben mit dem Opfer. *Das Opfer ist ein Prinzip der Metamorphose*. Als Opfer darbringen kann man aber nur das, was man tatsächlich besitzt. Der irdische Mensch besitzt lediglich sein niederes „ich" mit den Anzeichen eines höheren Ich, das ausgebildet wird auf dem Wege der Befreiung von der niederen Sinnlichkeit und der Entwicklung des reinen, von jeglichem Sinnlichen befreiten Denkens, das Rudolf Steiner die wahre Kommunion des Menschen nennt. (Die Frage des Ausprägens des reinen Denkens ist die essentielle Frage der anthroposophischen Methodologie.) Es währte dreieinhalb Äonen der Evolution, dieses Denken auszubilden, und nun gilt es, ihm zu entsagen, das Bewusstsein zu leeren, gewissermaßen in einer Art Anspannung verharrend, die dessen Erleben erfordert – dann erst wird

Christus in den Menschen eingehen können. Er kann dies nicht tun, solange der Mensch ausgefüllt, vereinnahmt ist von sich selbst.

Alle Elemente seines vielgliedrigen Wesens hat der Mensch von den Hierarchien empfangen. Ganz zu schweigen von den drei Leibern – aber auch die drei Seelen gehören nicht uns, das Wollen in ihnen ist unbewusst, das Fühlen schläft, das Denken ist ein gespiegeltes Denken. Erst durch das höhere „Ich" werden sie allmählich uns zu eigen. Aber auch dieses „Ich" – das Manas-Ich – ist eine Gabe der Hierarchien. Und sie können es uns nicht sozusagen „auf ewig" darbringen, können es nicht aufgrund der Gesetzmäßigkeiten der Evolution. Dies kann nur der Schöpfer, Gott selbst tun, der *sein allumfassendes Ich zu unserem eigenen zu machen* fähig ist. Das Erleben der völligen Einheit mit Gott als Erleben unseres eigenen höheren Seins – dies eben ist die Aufgabe der weiteren Entwicklung. Wer diese bewältigt, der geht endgültig und für ewig in die Welt von Licht und Güte ein. Dem Widersacher steht er nicht mehr als ihr Instrument zur Verfügung. Da jedoch die Lösung dieses *evolutionären* Problems unter den *sozialen* Bedingungen unserer Zeit immer diffiziler wird, gewinnt das Böse so sehr an Macht. Wir leben in einer Epoche ungemein großer und fundamentaler Entscheidungen.

In Europa gibt es dank der Anthroposophie bereits einzelne Menschen, die bestrebt sind, solche Entscheidungen zu treffen, was im Grunde genommen eine Bewegung hin zur *Verwirklichung* des Christentums darstellt. In einzelnen Menschen vollzieht sie sich schon. Doch muss sie in der sechsten Kulturepoche in einer Vielzahl von Menschen, vorzugsweise in allen Menschen stattfinden; und darum wird heute gekämpft. Eine solche Zukunft vorzubereiten – dazu ist Russland berufen. Daher war bereits das Entstehen eines Volkes aus den östlichen slawischen Volksstämmen von so großer Besonderheit, ebenso wie das Werden der Aura dieses Volkes, in der sich sein Volks-

Erzengel inkarnierte. Und daher nannte Rudolf Steiner die Russen „das Volk Christi“.

* * *

Es ist das allgemeine Prinzip der Evolution der Welt und des Menschen, dass aus verschiedener Art Allgemeinem, aus Einheiten jenes Einzelne ausgegliedert wird, zu dem letztendlich der individuelle Mensch geworden ist. Die Einheiten werden in ihm selbst zu mannigfachen Vielgliederungen seines Wesens; sobald er aber ein individuelles geistig-seelisches Leben erlangt, beginnt der Prozess seiner Wiederkehr zu früheren Einheiten, der sich fortsetzen wird bis hin zum Zusammenfließen des Menschen mit der Alleinheit, nun jedoch auf individueller Grundlage. Ebendies vollzieht sich, wenn der Mensch sich selbst zu verwirklichen beginnt nach dem Prinzip: „Nicht ich, aber der Christus in mir“.

In der Aufeinanderfolge von Kulturepochen, die sich vom alten Indien hin nach Europa bewegten, gelangte der Mensch im Prozess des kulturellen Wirkens zur Differenzierung einer gewissen Einheit seines ätherisch-astralen Wesens in sich, indem er die dreigliedrige Seele ausprägte. Als Folge des Hineinwirkens dieser Tätigkeit in den physischen Leib erlangte er das begrifflich denkende Bewusstsein, das niedere „ich“. Dies war das sozusagen alte, „heidnische“ Werden der menschlichen Individualität. Das Mysterium von Golgatha brachte ein anderes Prinzip der Individualisierung mit sich. Um seiner anteilig zu werden, gilt es, die einheitliche, nicht differenzierte Seele anzuregen – nicht allein durch Erziehung und Bildung, sondern indem man sie durchwirkt mit dem Leuchten des Mysteriums von Golgatha selbst. Dieser Prozess verläuft umso erfolgreicher, je mehr der Mensch in der Lage ist, das althergebrachte Erwachen der dreigliedrigen Seele in der einigen Seele dem Christus-Impuls als Opfer darzubringen, der ihm, wie bereits geschildert, das allumfassende Ich darbringt.

Die Völkerschaften, die Europa infolge der großen Völkerwanderung besiedelten, gingen in besonderer Weise an diese Aufgabe heran. Es sei noch einmal wiederholt, dass sie nicht an der kulturellen Entwicklung teilhatten, die auf südlichem Wege, aus Indien kommend, über Griechenland nach Rom hin sich entfaltete, daher trugen sie nur das Erleben der Einheitsseele in sich. Diese Seele kam in Berührung mit der dreigliedrigen Seele der griechisch-römischen Welt. Das Werden der europäischen Kulturepoche setzte ein.

Die östlichen Slawen trugen ebenfalls lediglich das Erleben einer Einheitsseele in sich. Doch ihre Berührung mit der griechisch-römischen Welt vollzog sich auf anderem Wege. Sie war, sagen wir einmal, nicht kulturell-zivilisatorischer, sondern religiöser Art. Die Slawen der Kiewer Rus lebten in einer stark ätherisierten Aura einer Einheitsseele. Das individuelle Leben in einer solchen Seele ist recht diffus. Es findet seinen Ausdruck im Temperament des Menschen, in seinem Charakter. Mythologischer Ausdruck einer solchen Seele ist Mikula Selyaninovich.

Da jedoch auch die östlichen Slawen in die Entwicklung der fünften Kulturepoche eintreten mussten, so verlangte ihre Einheitsseele nach der Erweckung. Diese vollzog sich dergestalt, dass sie durchdrungen wurde vom byzantinischen Christentum, aber auch von etwas anderem.

Somit haben wir im Westen und im Osten Europas zwei unterschiedliche Prozesse der Individualisierung des Menschen. Im Westen erfolgt die Erweckung der Seele auf heidnischem Wege, und sie verlangt nach einer weiteren Erweckung: durch das Mysterium von Golgatha. Diese muss die in gewissem Maße schon ganz irdisch ausgeprägte dreigliedrige Seele in ihr bewirken. Im Osten dagegen wurde die Erweckung der einigen Seele gleich gewirkt durch die Strahlkraft des Mysteri-

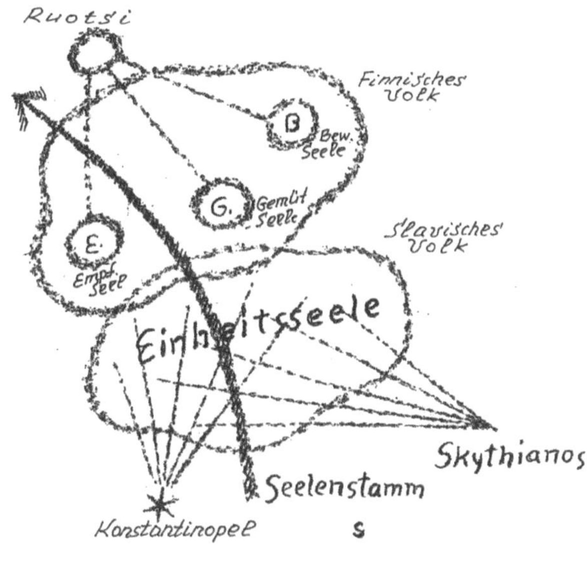

Abb. 1

ums von Golgatha, das freilich in Form des byzantinischen Christentums gekommen war. Eine große Rolle dabei spielte – und spielt wohl bis heute – ein gewisses Zentrum der Einweihung.

Suchen wir bei Rudolf Steiner nach Erläuterungen. Im Vortrag vom 9. November 1914 sagt er: „Nun haben wir wirklich schon im Laufe der Jahre vieles, vieles aufgewendet, um nach und nach uns eine Vorstellung davon zu verschaffen, wie unendlich weit all das ist, was mit dem Mysterium von Golgatha zusammenhängt. Sie können sich daher denken, daß, wenn so das Mysterium von Golgatha in irgendeiner Form in die Menschenseele hereinstrahlt, das immer nur eine gewisse Stufe, ein gewisser Grad des Mysteriums von Golgatha ist. Aber wir stellen uns vor, daß, weil die Einheitsseele etwas gleichsam dumpf Brütendes ist, aber das für unsere Zeit besonders Wertvolle enthält, so muß dieses Einheitliche [um aus dem Zustand des dumpfen Brütens hinauszutreten, Anm. d. A.] in irgendeiner Form von dem Mysterium von Golgatha durchstrahlt werden[...]“ Dabei steht immer vor diesem „[...] Initiationszentrum, welches ganz besonders in das Innere der Seele hereinwirkt, damit das Innere der Seele richtig vorbereitet wird, sich von dem Mysterium von Golgatha […] durchstrahlen zu lassen, […] der Eingeweihte Skythianos“ (GA 158, S. 43–44). Irgendwo tief im Unterbewussten trägt die Einheitsseele des Menschen die Anlage in sich zur Ausprägung der dreigliedrigen Seele. Den Keim dieser Seele „brütet“ sie im Grunde genommen aus. Bei den östlichen Slawen vollzog sich dies am Anfang ihres historischen Werdens so, dass die Einheitsseele beide genannten Impulse in ihre natürliche Grundlage aufnahm: den des Mysteriums von Golgatha wie auch den des Skythianos (vgl. Abb. 1, unteres Feld). Und gleichsam vermittels der Inspiration, die das instinkthafte Aufkeimen der dreigliedrigen Seele in ihr dämpfte, vollzog sich in ihr die Bewegung hin zur individuellen Ausprägung der dreigliedrigen Seele. Dieser Prozess wurde wesentlich beeinflusst durch die Finnen und die von Norden kommenden Normannen. Die Eigenart der Entwicklung des finnischen Volkes besteht darin, dass es im Wesentlichen nicht die Einheitsseele erlebte, sondern die dreigliedrige Seele. Dies war innerhalb des Werdens der individuellen dreigliedrigen Seele in Europa etwas Urphänomenales. Dieses Erleben der Finnen hatte kosmischen Charakter. Es fand seinen Ausdruck im „Kalevala“. Die Hellsichtigen, die dieses Epos erschufen, erlebten die Empfindungsseele als vom Kosmos inspiriert und verliehen diesem Erleben einen Ausdruck in der menschlich-göttlichen Gestalt des Väinämöinen. Die Verstandesseele empfanden sie als den Schmied der menschlichen Seele; dies ist die Gestalt des Ilmarinen. Zum Ausdruck der Bewusstseinsseele, die verwoben ist mit den irdischen Mächten, des Eroberers auf dem physischen Plan, wurde Lemminkäinen.

Ein solches Erleben der dreigliedrigen Seele durch die Finnen (vgl. Abb. 1, oberes Feld) kam in Berührung mit der Aura der Einheitsseele der Slawen. Es kam zu einer für die

Menschen unbewussten Wechselwirkung zwischen diesen. Die Helden des finnischen Epos spiegelten sich in den Helden der russischen Bylinen: in Ilja Muromez, Dobrynja Nikititsch und Aljoscha Popowitsch.

Damit ein wechselseitiger Austausch zwischen der Dreiheit der Seele und der Einheit stattfinden kann, braucht es, so Rudolf Steiner, „eine Art Seelenstamm“ (ebd., S. 45). Bei den östlichen Slawen entstand dieser dank der Einwanderung der Normannen. Diese nahmen auf ihren Fahrten bis nach Byzanz immer denselben Kurs: „von den Warägern zu den Griechen“ und bahnten damit äußerlich, im Physischen gewissermaßen den Weg, zu dessen Urbild im Geiste ebenjener Seelenstamm wurde.

Die Waräger erlebten ebenso wie die Slawen die Einheitsseele, auch ihnen war sie als natürliche Ausprägung verliehen. Und vermittels dieser unterdrückten sie bei ihren Wanderungen durch die Lande der Finnen das Bewusstsein der dreigliedrigen Seele in ihnen. „Es drängte da ein Stamm herunter“, so Rudolf Steiner, „der in einer naturhaften Weise das in seiner Seele trug, was damals als das Einheitsstreben da war, was in einer ganz andern Weise, auf einer ganz andern Stufe im Goetheschen ‚Faust‘, aber auch überhaupt in Faust [als dem Typus des neuen Menschen – Anm. d. A.] zum Ausdruck gekommen ist, etwas, das nicht weiß von der Dreigliedrigkeit, das nach der Einheit des Ich strebt. Hier noch auf einer primitiven Stufe wirkt das auslöschend auf die drei Seelenglieder.“ (ebd., S. 49).

Indem die Finnen diesen Prozess übersinnlich durchlebten (Rudolf Steiner gibt in dem zitierten Vortrag die entsprechende Beschreibung), bildeten sie ihn ab in dem Wort „Ruotsi“, oder „Rutsi“. Dieses Wort wurde zu ihrer Bezeichnung für die Normannen, und von diesen aus ging es über auf die Slawen. So entstand das Wort „Russen“.

Auf diese Weise bildete sich heraus eine komplizierte aurische Konfiguration, die aus zwei sich teils überlagernden Ovalen und dem sie verbindenden Seelenstamm besteht. Darin wirkte das Archetypische der Finnen hinein in das Archetypische der Slawen. Die Waräger brachten das verbindende Wirken des Ich hinein.

Das Streben nach einer Einheit des Ich des im Grunde noch ganz und gar im Gruppenhaften verhafteten Menschen war allen Völkern eigen, die von Osten her nach Europa gekommen waren. Lediglich jene, die bis zur Mitte des Kontinents vorgedrungen waren, trugen den Archetyp dieser Einheit im Gruppen-Ich ihres Volksstammes in sich, das formiert und personifiziert wurde durch das Wesen des Engels, so dass es vererbt werden konnte von einzelnen Mitgliedern des Volksstammes, der Sippe, auch dann noch, als der Prozess der Persönlichkeitsemanzipation einsetzte.

Die archetypischen, rassischen und gentilen Eigenschaften menschlicher Gruppen sind etwas Fundamentales, sie bedingen die tiefgreifenden Besonderheiten der Ausformung der Persönlichkeit. Ein Beispiel dafür finden wir im altjüdischen Volk. Unter den Bedingungen der dritten, der ägyptisch-chaldäischen Kulturepoche war ein Stamm der semitischen Rasse auserwählt. Die Auserwähltheit bestand darin, dass sich nicht ein Erzengel, sondern gar ein Geist der Form ihm näherte, Elohim, ein Wesen von gewaltiger Kraft, das zu dessen Volksgeist wurde. Im Ergebnis dessen begann sich selbst der physische Leib jener Juden des Altertums schneller zu entwickeln, als dies bei anderen Völkern der Fall war. Diese Entwicklung bestand damals in einer Beschleunigung der Materialisierung des Leibes, in der Ausformung des physischen Gehirns, das in der Lage war, an die Stelle des sinnlichen das begriffliche Denken, die Reflexion zu stellen. So entstand ein Volk, das vor allen anderen das logische, kombinatorische Denken sich zu eigen machte. Und es bereitete den physischen Leib für die Menschwerdung Gottes.

In ähnlicher Art stellt sich die Auserwähltheit verschiedener Volksstämme der neuen Bevölkerung Europas dar. Jene, die im Osten Europas sesshaft wurden (von Völkern konnte zunächst keine Rede sein), trugen *die von höheren Wesen angelegte* Einheit der Seele in sich. Deren Erleben war ihnen angeboren. In Mitteleuropa entstand aus der Einheit des Ich heraus mit der Zeit eine gigantische Schule des Denkens, der Logik, eine ausgeprägte Individualisierung, gestützt auf das angeborene Ich; im weiteren bildete sich mit dem Goetheanismus, der vorbereitet worden war von den Mystikern des Mittelalters wie Seuse, Tauler, Meister Eckhart u.a., den Philosophen-Alchemisten (Agrippa, Jakob Böhme), den großen idealistischen Philosophen (Hegel, Fichte und Schelling), die Möglichkeit des Übergangs vom Ich, das sich im reinen Denken manifestiert, zum Ich-Manas heraus.

Der Archetyp der Einheitsseele der Slawen ist nicht dazu bestimmt, aktiv den irdischen Intellekt zu entwickeln und ihn zur Grundlage einer Kultur zu machen. Daher wird die Einheit des Ich, die der Einheitsseele des Mitteleuropäers archetypisch innewohnt, bei ihnen von außen in die Einheitsseele hineingetragen. Jedoch nicht in gleicher Art wie bei den Westgermanen, nicht von hierarchischen Wesen, sondern auf dem Wege der irdischen Wechselwirkung der Volksstämme, später der Völker, wobei die Rolle der übersinnlichen Wesen sekundär ist, bedingt ist durch das, was mit den irdischen Menschen geschieht. Dies wurde gewirkt zu dem Zwecke, damit das sich im Osten herausformende Volk aktiv auch an der Entwicklung der europäischen Kulturepoche mitwirken konnte, dabei gleichsam über der Intellektualität schwebend. Man kann dies immer wieder erleben, wenn man die Mentalität der Russen wie auch Beispiele aus deren Literatur und praktischer Tätigkeit genauer betrachtet. Sie denken begrifflich, jedoch anders als im Westen. Sie durchdenken ihre Überlegungen nicht, und daher gibt es keine originale, im eigentlichen Sinne russische Philosophie. Wir empfangen die Gedanken aus dem Gruppen-Manas. Und allein die Kraft der individualisierten Empfindungen hindert uns daran, dies zu erfahren. Der Russe kann genial sein, jedoch in etwa der Weise, wie Tesla genial war (nebenbei bemerkt, ein Slawe), der seine wissenschaftlichen Entdeckungen auf halb hellseherische Weise empfing. Die Russen brüsten sich gern damit, sie könnten klüger sein als „die Deutschen", sie wären in der Lage, „einen Floh mit Hufeisen zu beschlagen", wenn sie nur wollten. Und dies stimmt tatsächlich. Man kann die gesamte Weisheit der Welt auf einmal erschauen (von einem solchen Denken, von der Erkenntnis „mit einem Schlage" träumte Berdjajew), doch ist dies ganz und gar nicht das, was der Mensch der fünften Kulturepoche braucht. Er braucht eine filigrane Ausprägung des logischen Denkens, die Individualisierung zunächst im niederen, später im höheren Ich. Die Russen aber neigen dazu, wie man so sagt, „an der Oberfläche zu kratzen". Und dies ist genau das, was ihnen in der gegenwärtigen Epoche zukommt. Nur brüsten sollte man sich damit nicht.

Der Ich-Impuls, von den Normannen in die Aura der Kiewer Rus getragen (die dort zu den weltlichen Herrschern wurden), war auch notwendig, damit die Rus das Christentum annahm, was ebenfalls recht eigenartig vor sich ging. Die Begegnung mit dem Christentum war allen slawischen und germanischen Völkerstämmen vorherbestimmt. Im Westen geschah dies durch den Kontakt mit dem Römischen Imperium und die ethnische Vermischung mit dem lateinischen Element, und im Weiteren erfolgte im Prozess der kulturellen Entwicklung die Vereinigung mit der Ausprägung der dreigliedrigen Seele. Im Osten strömte das Christentum primär in die Einheitsseele hinein vermittels jenes „Seelenstammes", den die Normannen in ihr bewirkt hatten. Entlang dieses Stammes, auf dem ätherischen Plan, kam das Christentum aus Byzanz in die Rus. Die Russen empfingen es auf halb hellseherischem Wege, solcherart, wie auch die byzantinischen Griechen es erlebten. Hingegen übernahmen die Germanen das von Rom ausgehende Christentum der Verstandesseele der Römer, das durchdrungen von Rationalismus, das theologisiert war. Das griechisch-byzantinische Christentum stellte keine besonderen Ansprüche an den Intellekt. Das war gar der Grund für die Teilung der Kirche in die West- und die Ostkirche.

Auf diese Weise gelangen wir zu etwas, das Rudolf Steiner so beschreibt: „So haben wir jetzt also Seelen, die [...] auf der einen Seite verbunden sind mit dem, was zu einem Einheitswesen durch das Mysterium von Golgatha führen kann, was in Einheitsseelen zum Christentum [der Epoche seiner Verwirklichung im Menschen – Anm. d. A.] vorbereiten kann, die auf der andern Seite das Mysterium von Golgatha in einer ganz bestimmten Form empfangen, etwas wie die *Inspiration* [Hervorhebg. d. A.], die Influenzierung durch das Mysterium von Golgatha, wie sie von der byzantinisch-griechischen Kultur ausgegangen ist." (ebd., S. 48). – Dies ist sozusagen die Ausgangskonstellation der russischen Seelenlage beim Eintritt der östlichen Slawen in den historischen Prozess zum Ende der vierten und zum Beginn der fünften Kulturepoche. Und mit dieser „Gegebenheit" muss man weiter arbeiten, denn weder das byzantinische Christentum, noch der von den Normannen eingebrachte Seelenstamm an sich sind heute noch Unterpfand dafür, dass die Russen die vor ihnen stehenden Aufgaben in der richtigen Weise verwirklichen, die sie zunächst unter den Bedingungen der fünften Kulturepoche zu erfüllen haben; dabei spielt Mitteleuropa die Vorreiterrolle, während den Westslawen, die in Gestalt dreier „Halbinseln" – der polnischen, der tschechisch-slowakischen und der südslawischen – in den Westen hineinragen, die Rolle des Vorpostens der sechsten Kulturepoche zukommt, durch die die dreigliedrige Seele der sechsten Kulturepoche – Träger des nicht alltäglichen, sondern des höheren Bewusstseins – gleichsam in unsere Kulturepoche „hineinblickt".

* * *

Rein historisch gesehen vollzog sich der Prozess der, sagen wir, Assimilierung des Archetyps der finnischen dreigliedrigen Seele und der Einheitsseele dergestalt, dass die südlichen Rutsi immer weiter nach Norden zogen, sich in der Wirkungssphäre der Aura der gentilen dreigliedrigen Seele der Finnen ansiedelten. Die ätherisierte Aura der Südslawen, der Einheitsseele wurde von oben her zunehmend durchdrungen von der astralisierten Aura der dreigliedrigen Seele. Und dies Gesamtgebilde wurde zur Aura des russischen Volkes. Da hinein inkarnierte dessen Volkserzengel, der sich ein Volk bereitete nach dem Typus des Jahve: Er begann sein Wirken mit der dreigliedrigen Leiblichkeit und erweiterte es dann hin zur Ausprägung des Archetyps der dreigliedrigen Seelenhaftigkeit. So legte er in der Leiblichkeit die Grundlage der künftigen seelisch-geistigen Individualisierung der Rutsi. Diese folgte später, und ihre drei Recken „wurden übermannt vom Schlaf" auf dem Berg. Nach Russland hinein strömte die westeuropäische Entwicklung; sie ging ein sowohl in die Kultur wie auch in das Staatswesen, wenngleich sie in diesem letzteren auf das Erbe des mongolisch-tatarischen Jochs, das Prinzip der Despotie stieß. Das aber, was den ursprünglichen, wahren Anlagen der Russen entspricht, ist auch heute noch „übermannt vom Schlaf" „in dem Berg", verharrt im Gruppenhaften, Sippenhaften. Damit es erweckt wird, muss Russland die Anthroposophie annehmen und die dreigliedrige Seele entwickeln, um so mittels der Geisteswissenschaft den gesamten Prozess des geistigen, des kulturellen Schöpfertums, den Staatsaufbau, insbesondere aber die Pädagogik zu beseelen, zu bereichern.

Eben das Archetypische der Ostslawen, gebildet zugleich aus der Einheits- und der dreigliedrigen Seelenhaftigkeit, erfordert eine solche Entwicklung, damit diese von Kindesbeinen an vermittels des Prozesses von Erziehung und Bildung in die Inkarnation hineingehen, ausgestattet mit den Anlagen zur Erlangung der dreigliedrigen Seele im Sinne des Charakters, wie er den meisten Menschen der Zukunft zueigen sein wird. Das bedeutet, dass man das begriffliche Denken erlernen muss – jedoch nicht das tote, abstrakte, sondern das lebendige, das zur individualisierten Wahrnehmung der Ideen aus den Wahrnehmungsobjekten befähigt, ein Vordringen zu den sittlichen Intuitionen, zur moralischen Phantasie ermutigt, wie sie Rudolf Steiner in der „Philosophie der Freiheit" beschreibt.

Auch die Menschen in Europa sehen sich vor diesen Aufgaben stehen, doch haben die Russen eine angeborene Veranlagung, sie zu verwirklichen. Sie ist geprägt von den Besonderheiten ihrer Volksaura.

Teil der Anthroposophie ist die Lehre davon, dass die Grundlage des Werdens der Seele im Leib dessen Differenzierung in drei Systeme darstellt. Darin konzentriert sich das Wollen – zunächst das instinktive, das jedoch nach und nach mit der Bewusstseinsseele erfasst werden muss – überwiegend im System des Stoffwechsels und der Gliedmaßen; das Fühlen hat seine leibliche Stütze im System des Rhythmus: des Atems und des Blutkreislaufs; das Denken steht in Beziehung mit dem Nerven- und Sinnessystem, dem Gehirn.

Rudolf Steiner maß der Erkenntnis dieser Dreigliederung große Bedeutung bei. Selbstverständlich ist sie im Menschen nicht streng differenziert, all ihre Glieder durchdringen einander: der Stoffwechsel vollzieht sich auch im Kopf, das Nervenleben durchwirkt auch die Gliedmaßen usw. Die Rede ist im Grunde nur von der *vornehmlichen* Konzentration der genannten Systeme im Leib, jedoch ist dieses „Vornehmliche" von ganz und gar fundamentaler Bedeutung für den geistig-seelischen Organismus des Menschen. Es ist bedingt durch die Aura des Menschen: der Kopf des Menschen ist stark astralisiert und arm an Lebens-, an Ätherkräften, und dieser Umstand prädestiniert ihn für die Reflexion; in den Gliedmaßen befinden sich die wirksamsten, wichtigsten Lebenskräfte, usw.

Die Besonderheit des Werdens der Ostslawen zu einem Volk besteht darin, dass die Aura des russischen Volkes selbst, sagen wir, anthropomorph ausgeformt wurde, als Aura eines einzelnen Menschen, in dem sich die verschiedensten Dreigliederungen entwickeln, darunter auch die Dreigliederung der genannten Systeme. Der Russe ist, wenn man es vielleicht paradox so ausdrücken kann, *eher als Volkswesen individuell* denn als eine europäisch gebildete Persönlichkeit. Ja, dies mag ungewöhnlich klingen, doch ist dies die ganz reale Mentalität des russischen Menschen. Sie äußert sich darin, dass der Russe in seinem Nationalen weniger ein Gruppenwesen ist, als dies bei den in ihrer Entwicklung zurückgebliebenen Ethnien der Fall ist. Die Russen, als Nation sehr wenig geeint, sind dennoch glühende Patrioten; dies ist ungewöhnlich, zeigt sich aber auf Schritt und Tritt. Nehmen wir einige einfache, aber anschauliche Beispiele. In Russland lebt heute eine Vielzahl von Emigranten aus den ehemaligen asiatischen Sowjetrepubliken. Unter den Bedingungen einer nahezu aufgehobenen Rechtsstaatlichkeit lassen sie die Russen – das lässt sich nicht leugnen – oftmals ihre Verachtung spüren, suchen jede Möglichkeit, diese zu beleidigen und herabzuwürdigen (es ist dies also, das sei hier ausdrücklich angemerkt, nicht allein ein Wesenszug der „Löwinnen“ der neuen russischen High Society), die Russen aber lassen dies geduldig über sich ergehen. Zwar spielt hier eine bedeutende Rolle, dass ein Russe, so er denn mit einem Tschetschenen oder Aserbaidschaner einen Konflikt eingeht, im eigenen Land als einzelner Mensch dastehen wird, dass das ihn umgebende, ihm anverwandte Nationale sich nicht regen und ihm nicht beispringen wird. Denn dies Nationale kommt in den sozialen Beziehungen des Alltags praktisch nicht zum Tragen. Im Gegenzug aber wird jenem Russen im einzelnen Tschetschenen das gesamte tschetschenische, im Aserbaidschaner das aserbaidschanische Volk entgegentreten, und sollte diese Notwendigkeit bestehen, dann auch die gesamte islamische Welt. Folgt daraus, dass die Russen feige sind? – Durchaus nicht. Die Russen haben nur nicht ein so ausgeprägtes Gefühl für die nationale Beleidigung, wie dies bei den Völkern der Fall ist, in denen das Gruppenhafte der Seele noch sehr stark ausgeprägt ist. Die Russen lieben nicht so sehr ihren Staat als vielmehr ihr Land. Hier sei an viele Emigranten der ersten Emigrationswelle erinnert, die nahezu zugrunde gingen an Nostalgie, an Heimweh – an einem Sehnen nicht nach dem alten Staatsgebilde, sondern vielmehr nach dem Leben in Russland an sich. Einige von ihnen kehrten zurück, selbst auf die Gefahr des Todes hin – doch dann wenigstens auf heimatlichem Boden. Durch die Beschaffenheit von Nerven- und Sinnessystems, von Atem, Blutkreislauf und Stoffwechsel ist der Russe an seinen Boden gebunden. Und dies ist sehr stark ausgeprägt im Erleben seiner Seele. Das Wesen der patriotischen Gefühle des Russen hat der Dichter Michail Lermontow treffend beschrieben:

> Wohl hab' ich Liebe für mein Vaterland,
> Doch Liebe eig'ner Art, die zu bemeistern
> Nicht mehr vermag der prüfende Verstand.
> Für Barbarei kann ich mich nicht begeistern,
> Nicht in der Jetztzeit, nicht im Altertum.
> Ich liebe nicht den bluterkauften Ruhm,
> Ich liebe nicht die stolze Zuversicht
> Die sich auf Bajonette stützt – auch nicht
> Den Heil'genschein des Ruhms aus alten Tagen,
> Davon die Lieder melden und die Sagen.

Doch seh' ich gern, – weiß selbst nicht recht warum –
Der endlos wüsten Steppen kaltes Schweigen,
Wenn welk die Halme sich zur Erde neigen
Und nichts erschallt als Zwitschern und Gesumm.
Gern hör' ich auch der Wälder nächtig Rauschen,
Mag gern dem Wellgetös' der Ströme lauschen,
Wenn sie im Frühling eisesfrei umher
Die Lande überschwemmen wie ein Meer.
[…]
Den Stoppelbrand der Felder seh' ich gerne,
Die weißen Birken an der Flüsse Borden […]

Und ein weiterer Dichter, Fjodor Tjutschew, fügte hinzu: „Mit dem Verstand ist Russland nicht zu fassen…" (schon gar nicht von Menschen vom Schlage einer „Ksjuscha").

Die Dichtung gibt sehr genau die Stimmung des russischen Menschen wieder, der in einer Volksaura lebt, die nach dem Typus des Menschen selbst mit seinen drei Systemen ausgeformt ist. Und diese Stimmung wird sogar von seinen Feinden ausgenutzt, indem sie die für sie nützlichen Kriege als „vaterländisch" ausgeben. Damit setzt man bei den Russen einen Heldenmut frei, wie er sonst selten anzutreffen ist.

In der dreigliedrigen Aura des russischen Volkes (Abb. 2) sind der südliche Teil Russlands, die Ukraine enger mit dem ätherischen Teil verbunden, mit der Basis des Systems der Gliedmaßen, der Bewegung, des in den Tiefen noch schlummernden Wollens, das als Wollen im Denken erwachen soll. Nicht von ungefähr ist der Boden dort ungemein lebendig, ätherisiert: Schwarzerde. Daraus entspringt auch der beständigere Charakter des Kleinrussen und seine Abneigung gegenüber dem Großrussen (dem „Kazap"), gegenüber seiner vermeintlich übermäßigen Rastlosigkeit, fehlenden Ernsthaftigkeit. Doch die „Kazap" (wörtlich: Menschen mit Ziegenbärtchen – „ka" in der Bedeutung von „wie, als", „zap" in der

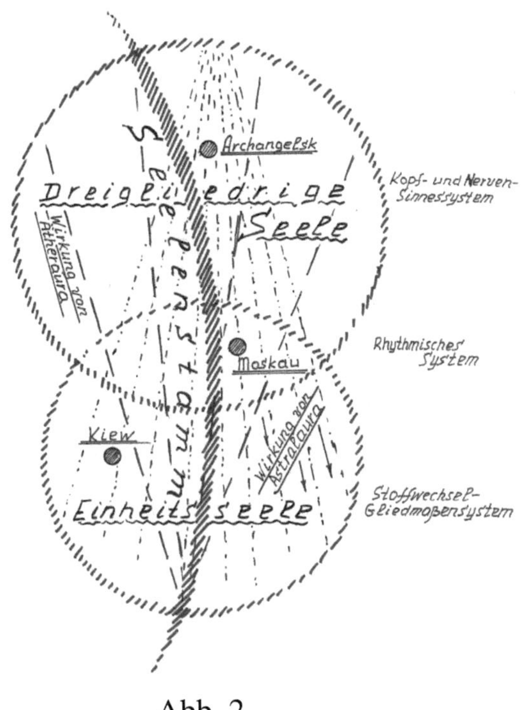

Abb. 2

Bedeutung von „Bock“; interessant ist, dass sich in Großrussland die „Diktatoren des Proletariats“ diese „Ziegenbärtchen“ stehen ließen, etwa Trotzki und Dzierzynski, während die russischen Kaufleute Bärte in Schaufelform trugen) sind in Wahrheit nicht eilig, hastig. Sie leben nur in einer Atmosphäre, in der die ätherischen Kräfte geschwächt sind, während die astralen anwachsen, in der die individualisierenden Astralkräfte vorherrschen. Daher sind ihre Emotionen beweglicher, ausdifferenzierter. Und auch ihre Aufgabe ist eine andere: im allgemeinen Staatsorganismus haben sie die Wechselbeziehung, das wechselseitige Durchdringen dessen rhythmisch zu vermitteln, was von Süden nach Norden sich bewegt. Sie sind eher Staatsmenschen, Gesetzesmenschen, jedoch nicht im Sinne einer Tyrannei, sondern im Sinne des Erlebens des Prinzips der Gerechtigkeit. Das aber, was im Norden sich befindet, ist das Haupt Russlands – nicht ein verknöchertes, intellektualisiertes Haupt, sondern das spirituelle, das der Sophia, das vorderhand der Zukunft zugewandt ist. Natürlich hat es auch der Gegenwart zu dienen und wird ihr dienen, sobald die russische Kultur eine größere Spiritualität erlangt haben wird. Was aber geschieht, wenn man in jene Aura den reinen Verstand einbringt, zeigt sich an Petersburg, das zur Hauptstadt des Landes gemacht wurde. Der Norden ist bislang das Gebiet der russischen Träume von der „unsichtbaren Stadt Kitesch". Nicht von ungefähr nennt man die Gebiete nordöstlich von Moskau traditionell das Land der Hl. Sophia. Kein Zufall ist auch, dass die Russen auf der Suche nach dem wahren, nicht kirchlichen Christus in die „Wälder von Archangelsk" gingen. Diese Stimmung drückt ein zeitgenössischer Dichter (vielleicht nicht vom Range eines Lermontow oder Tjutschew, doch ein mit großer dichterischer Kraft ausgestatteter Poet) so aus [eine deutsche Nachdichtung liegt nicht vor, so kann hier lediglich eine wörtliche Übertragung wiedergegeben werden – Anm. d. Ü.]:

Düster und abgewandt
entschwindet er allein,
tief unter der Kapuze
enteilt der Bernardin,
hinan, den Höhen zu
der Wälder von Archangelsk,
lässt hinter sich die Unrast
der imperialen Städte.

Sein freudvolles Statut
verschreibt den Wäldern er,
vertraulich zugewandt
den Spuren von Archangelsk,
ihm tönt der Flüsse Sang,
ihm tönen der Wege Stimmen –
der ewige Mensch,
er schreitet auf die Schwelle.

Es beben, wie von Gewittern gepeitscht,
die strahlenden Fluren,
es tönen ihm aus den Tiefen
die flammenden Trugbilder,
Hütten und Paläste
bäumen sich auf im Rauch,
verwundert schauen die Weisen
ihre Wahnsinnstaten;

ihr formgewandtes Heer
hat aufgezäumt die Städte
und fürchtet zu versäumen
den Zug ins Nimmermehr,
dem Tode zu sie lenken,
geeint im Schulterschluss,
und sehnend sucht das Kind
den Sonnenstrahl zu fassen…

Es eilt der Bernardin
düster und abgewandt,
entschwindet ganz allein,
allein entschwindet er
hinan, den Höhen zu,
zur Feste von Archangelsk,
enteilt hinter die Linie
ohn' Anrecht auf den Tod. (Alexander Demidow)

Dies also ist die Dreigliederung der russischen Seele, schwebend über dem niederen „ich", gleichsam hingebreitet über den gesamten europäischen Teil Russlands (über Sibirien und den Fernen Osten muss gesondert gesprochen werden). Ihr Wirken prägt sehr stark den Charakter der russischen Kultur, deren Spannweite beispielsweise in der Literatur von den

„Abenden auf dem Weiler bei Dikanka“ und „Taras Bulba“ von Gogol bis zum feingeistigen Psychologismus eines durch und durch Petersburger Schriftstellers wie Dostojewski reicht. In der Mitte aber (natürlich nicht im streng geographischen Sinne) stehen unsere „tief und rhythmisch atmenden“ „Apollonier“ Lew Tolstoi, Puschkin, Tschaadajew, Wladimir Solowjow.

* * *

So stellt Russland also einen gewissen Organismus dar, ausgestattet sowohl mit physischem wie auch mit Äther- und Astralleib. Seine Einheit bedingt das Geistselbst, das aus den geistigen Höhen in den Seelenstamm hineinleuchtet. Dieser Organismus ist von den Wesen der göttlichen Hierarchien unter Beteiligung der Seelen der ihn umgebenden Völker erschaffen worden mit dem Ziel, den in ihm sich inkarnierenden menschlichen Seelen die Erfüllung der einen, für die gesamte Menschheit wichtigen Aufgabe, zu ermöglichen: unter den Bedingungen der fünften Kulturepoche die Voraussetzungen zu schaffen für die Entfaltung der sechsten Epoche, in der Stimmung der Erwartung jener Epoche zu leben, da in einzelnen Menschen die Verwirklichung des Christentums einsetzen wird, da der einzelne Mensch *mittels des individuellen Manas das höhere Ich als den Lebensgeist Christi* zu erlangen beginnt, um so auf ewig souveräne, in Christus geeinte Individualität zu bleiben.

Würde – unter dem Aspekt dieser Betrachtungsweise (nicht aber der schlicht materialistisch-mechanischen oder trivial politischen) – es einem der Bestandteile dieses Wesens, etwa der Ukraine oder Weißrussland, in den Sinn kommen, sich von diesem Organismus ganz loszulösen, so bedeutete dieser Schritt, dass jener Teil zu einem zwecklosen Dasein verurteilt und in der Folge von den ihn umgebenden Ethnien, die über hierarchische Führer verfügen, allmählich assimiliert würde; das Wesen selbst aber würde zu einem Invaliden. Die Feindschaft, der Kampf dieser Teile untereinander ist – will man es bildlich ausdrücken – etwa gleichzusetzen mit der Vorstellung, die Gliedmaßen eines Menschen würden in Widerstreit treten mit seinem Kopf oder der Kopf würde sich weigern, mit dem Atemsystem zusammenzuwirken. Und es sind dies keineswegs an den Haaren herbeigezogene „Physiologismen“, sondern es ist der Beginn einer wahrhaften Volkskunde, gegründet auf der Erkenntnis der einigen sinnlich-übersinnlichen Wirklichkeit.

Russland – das ist eine Einheit, wenn auch nicht in erster Linie eine staatlich-politische, sondern eine geistig-seelisch-physische. Und wie alles Lebendige ist auch diese Einheit in ihrem Inneren ausdifferenziert. Es wäre verheerend für Russland, würde man dies nicht berücksichtigen. Wenn Moskau auch weiterhin den Weg der Sicherung des einigen politischen Staates beschreitet, so ist dies gleichzusetzen, sagen wir, mit der Absicht der Atmung, den Stoffwechsel zu ersetzen. Ein solcher Organismus ist nicht lebensfähig.

Moskau als Zentrum des Staates sollte lediglich den Impuls des staatlich-rechtlichen Lebens geben, ihn hineintragen in das ganze Land als Prinzip der Gleichheit, ohne sich machtbestimmend in das wirtschaftliche oder geistige Leben der Regionen des Landes einzumischen. Es hat alle sozialen Beziehungen vom Gesichtspunkt der wahren Gleichheit aller Bürger vor dem Gesetz zu regeln. Dann erst wird das Staatszentrum zum Hüter und Beschützer der Gerechtigkeit, und dies wird ihm alle Sympathien sichern. Und eben weil dies seine Hauptaufgabe ist und diese nicht erfüllt wurde, ist Moskau zum wichtigsten Ausgangspunkt von Korruption und Gesetzlosigkeit geworden. Das ist ein evidentes Beispiel dafür, was geschieht, wenn Menschen, wenn öffentliche Institutionen den Aufgaben der wahren Evolution zuwiderhandeln. Alles aber, was sich nicht vorwärtsbewegt, ist dem Untergang geweiht.

Russland ist allein schon durch die Aura seines Volkes prädestiniert für den Umbau der eigenen Sozialstruktur im Sinne der sozialen Dreigliederung. Dafür ist es letztlich befreit worden vom Joch des Bolschewismus, der ebenjenes Prinzip der sozialen Dreigliederung pervertierte, indem er das Land den sozialistischen Weg gehen ließ, dabei aber jegliche Freiheit des geistigen Lebens vereitelte. Unter dem Bolschewismus wurde durch die Einführung des Staatskapitalismus verschleiert, dass die menschliche Arbeit eine Ware ist – eine offenkundige Form der Sklaverei. Die Rückkehr zur kapitalistischen Wirtschaftsform in Zeiten der Perestroika, das ganz und gar offenkundige Darbieten der menschlichen Arbeitskraft auf dem Arbeitsmarkt als Ware (d.h. es wird wiederum akzentuiert, dass ein Teil des menschlichen Wesens Gegenstand von Angebot und Nachfrage ist) – im Kampf dagegen ist die Welt schon einmal von den Füßen auf den Kopf gestellt worden, und dieser Kampf setzt sich fort (wenngleich es für viele Menschen nach dem sowjetischen Lügengebilde sehr schwer ist, dies zu begreifen; wir hörten einst aus dem Munde eines älteren Mannes die Worte: Was ist schlecht daran, dass ich meine Arbeitskraft verkaufe? – Hauptsache, sie wird gut bezahlt!) – ist eine entsetzliche Reaktion, es ist dies ein Zurückstoßen des Landes in eine vollkommen überlebte Vergangenheit. Es ist der Weg ins Nichts.

Da jeder Russe (und dies ist jedermann, der im Wesen der russischen Sprache, der russischen Kultur assimiliert ist) in seiner Dreigliederung von Kopf, rhythmischem System und Gliedmaßen in gewisser Weise die Dreigliederung seiner Volksseele nachformt, so ist das Streben hin zur sozialen Dreigliederung selbst in seinen Instinkten angelegt. Und deren Anfänge sind – darauf weist Rudolf Steiner hin – im Instinkthaften bereits an der Schwelle vom 19. zum 20. Jahrhundert gelegt worden. Russland bewegte sich auf die soziale Dreigliederung zu, ohne dies selbst überhaupt zu verstehen. In den okkult-politischen Kreisen des Westens dagegen verstand man dies sehr wohl, und man ergriff Gegenmaßnahmen. Diese Entwicklung war es, die jene Kreise in Schrecken versetzte, nicht aber – wie uns die Konspirologen des Neobolschewismus weismachen wollen – der Eindruck, den die Warenmesse in Nishni Nowgorod auf die Ausländer machte, als sie angeblich sahen, dass Russland sich wirtschaftlich zu schnell entwickelte.

Im Vortrag vom 19. März 1920 (er trägt die Überschrift „Dreigliederung und gegenwärtige Weltlage") bemerkt Rudolf Steiner, man könne in Russland das Bestreben erkennen, sich in gewissen berufsbedingten und berufsübergreifenden Assoziationen zusammenzufinden (anbei sei angemerkt, dass die Erschaffung von „Assoziationen freier Unternehmer" zur Grundlage des gemeinsamen brüderlichen Arbeitslebens unter den Bedingungen der sozialen Dreigliederung werden muss). „Wer nach Rußland gekommen ist, hat eigentlich seine Begegnungen gehalten nicht mit einzelnen Menschen, sondern er stieß überall, wo er mit irgendetwas zu tun hatte, auf solche Assoziationen"– beispielsweise auf Assoziationen von Bankkassenbeamten oder Bankkassenausträgern. Von besonderem Interesse sind dabei die Semstwos: „Sie leisten eigentlich eine fruchtbare Arbeit; sie arbeiten zusammen mit etwas anderem, was Althergebrachtes in Rußland ist: den Mir-Organisationen der einzelnen Dorfgemeinden, eine Art Zwangsorganisation zum wirtschaftlichen Leben des Dorfes. Da haben wir drinnenstehend erstens altdemokratische Gebräuche in der russischen Bauernorganisation, wir haben aber in dem Auftreten der Semstwos etwas Neueres, was durchaus nach dem Demokratischen hintendiert. [...] schließlich gestalteten sich die Semstwos auch nicht zu Korporationen, sondern eigentlich zu Assoziationen, die Landwirte verbanden sich mit denen, die im Aufgange des industriellen Lebens standen [...] Und wir können sagen: In diesem Rußland zeigt sich das Merkwürdige, daß ein auf Assoziationswesen begründetes organisches System entstand" [GA 334, S. 149–150].

* * *

Weißrussen, Ukrainer, Russen nennt man zusammen die „Titelnation". Dies ist in der Tat so, doch ist die Zugehörigkeit zu ihr kein Anlass, sich in Nationalismus zu ergehen. Es impliziert eine große Verantwortung. Auf den Russen im engeren wie auch im erweiterten Wortsinne, ja eigentlich auf der gesamten Bevölkerung Russlands lastet die Verantwortung für die richtige Entwicklung des Landes.

Jene Kräfte, die den wahren Zielen Russlands feindselig gegenüberstehen, gehen nicht das Wagnis ein, sich ihrer Bevölkerung in den Weg zu stellen. Sie wissen um die Macht, die im Geiste hinter ihr steht. Und sie tun alles nur erdenkliche, um zu verhindern, dass die Russen von diesen Zielen erfahren. So haben sie die Möglichkeit, ihnen falsche Ziele aufzunötigen. Die Methode ist einfach, aber äußerst wirkungsvoll. Sie kommt zur Anwendung, indem man Russland von Zeit zu Zeit ganz und gar nicht zu ihm passende Ethnien „einpflanzt", wohl wissend, dass es allmählich ganz von selbst zu einer Abstoßung dieser Ethnien kommen wird, was wiederum Feindseligkeit, Kampf, Hass hervorbringt. Daher sollte man – und dies betrifft nicht Russland allein, sondern jedes andere Land ebenso –, wenn man, wie es in den Zeiten des mongolisch-tatarischen Jochs hieß, einen „Jarlyk", eine schriftliche Urkunde also der Macht erhält, nicht überstürzt dies „Geschenk der Danaer" annehmen. Es könnte sich dabei durchaus um ein „Trojanisches Pferd" handeln. Es gilt daher, zunächst die Frage zu stellen, wem es nützen und welchem Zweck es dienen könnte. Ein Geschenk aber ist eine Neuaufteilung von Territorien heute in jedem Falle, weil, wie bereits angemerkt, kein Land in der modernen Welt wahrhaftig über eine Souveränität verfügt. Wir wissen heute, dass diejenigen, die später Krieg führten gegen Hitler, ihm zuvor zugestanden hatten, die nach dem Ersten Weltkrieg aberkannten Gebiete wieder an Deutschland anzugliedern. Es waren keine fremden, im Krieg eroberten Gebiete, sondern sie gehörten von jeher zu Deutschland; und dennoch – was hat sich später daraus entwickelt?

Es ist für Russland also gefährlich zu schlafen. Es muss an seine Einheit denken, und dies im Sinne von Ideen, die rechtmäßig in die Zukunft führen. Es muss die Tatsache anerkennen, dass das Selbstbewusstsein nicht nur einzelner Menschen, sondern ganzer ethnischer Gruppen gewachsen ist. Dies auf geisteswissenschaftlichem Wege zu erkennen gibt die Möglichkeit, genau zu unterscheiden, wo es sich um unbegründeten, von den Kräften der Destruktion inspirierten Separatismus handelt, wo es angebracht ist, dass Teile eines Volkes sich tatsächlich in zwei Völker aufgliedern, und wo es nur einer neuen, freieren sozialen Struktur bedarf, um ein harmonisches Zusammenleben der erwachsen gewordenen Ethnien eines Volkes zu gewähren.

Es gibt keinerlei Anlass zu der Annahme, dass es Aufgabe der Ukraine ist, ein neues selbstständiges Volk zu werden, denn es gibt keinen neuen Erzengel, der mit einer neuen Weltenaufgabe an dies Volk herantreten könnte – zu groß und von einer Lösung zu weit entfernt ist die gemeinsame Aufgabe der Ostslawen. Ein Abweichen von dieser Aufgabe würde die gesamte Menschheit ins Unglück stürzen. Hier liegen die Ursachen für die große Besorgnis Rudolf Steiners angesichts der ersten Anzeichen für eine Entzweiung Nord- und Südrusslands noch vor jeglicher Teilung (im Jahre 1916).

An und für sich sind Gegensätze zwischen den Ethnien innerhalb eines Staates unvermeidlich. Jeder Entwicklungsprozess verläuft dialektisch. Doch gilt es, die Gegensätze zu lösen, nicht aber, sie nach innen zu kehren, ebensowenig wie sie in Form von kriegerischen Auseinandersetzungen nach außen zu tragen. Die Form, wie diese Gegensätze auf der gegenwärtigen Daseinsstufe Russlands gelöst werden könnten, ist die soziale Dreigliederung. Oder aber zumindest eine Konföderation, etwa nach dem Modell der Schweiz.

Keineswegs unbegründet ist in diesem Zusammenhang der Gedanke an die heute existierende Gemeinschaft Unabhängiger Staaten (GUS). In ihr findet man, so scheint es uns, einige Ansatzpunkte für eine Entwicklung in die notwendige Richtung, d.h. hin zur Verwirklichung der sozialen Dreigliederung. In ihrer heutigen Daseinsform besteht der wesentliche Makel der Gemeinschaft darin, dass sie eine allein ökonomische Zielsetzung hat. Die Menschen wähnen nach wie vor, das „täglich Brot" allein sei wichtig, und daher verlieren sie häufig auch dies. Was ist zu tun, um diese unheilvolle Gewohnheit abzulegen? Rudolf Steiner beantwortet diese Frage folgendermaßen: „Zunächst einen Besen her und alles das aus dem Wirtschaftsleben heraus, was den Geist negiert! Davon hängt das Heil der zukünftigen Menschheit ab. Alles, was nicht den Geist will, *heraus aus dem Wirtschaftsleben, gerade aus dem Wirtschaftsleben* [Hervorhebg. d. A.]! Da ist es am allernotwendigsten, sonst kommen das wirtschaftliche Chaos und damit überhaupt das zivilisatorische Chaos. Und das zeigt sich ja, ich möchte sagen, klar und deutlich genug" [GA 199, 29.08.1920, S. 190].

Kein wie auch immer gearteter Wirtschaftsbund wird den Gruppen-, den nationalen Egoismus ausmerzen. Immer wird es einige Menschen geben, die ihren Vorteil auf Kosten anderer suchen werden. Auf diesem Wege wird es die GUS lediglich zu etwas von der Art des Europaparlaments und seiner Diktatur bringen. Erforderlich aber wäre ein weder von wirtschaftlichen noch von politischen Strukturen abhängiges, ganz und gar autonomes System des geistigen Lebens innerhalb dieses Staatenbundes. Das staatlich-politische System hat sich darauf zu beschränken, die wahre bürgerliche Gleichheit aller Bürger zu überwachen, das System der Gesetzgebung so zu vervollkommnen, dass es die Gerechtigkeit in allen gesellschaftlichen Beziehungen gewährleistet, und dabei vollkommen unabhängig zu sein vom Wirtschaftsleben, von dessen Parlament. Das Wirtschaftsleben seinerseits muss in den Fragen der Produktion (nicht aber in den Fragen der Produktionsverhältnisse) unabhängig sein vom staatlichen Leben.

Und die Tätigkeit der drei souveränen Parlamente der Gemeinschaft sollte sich dergestalt entfalten, dass ein stetiges Interesse der einzelnen Mitglieder an der Existenz eines jeden anderen gewährleistet wird.

Das Wirtschaftsleben aber innerhalb einer solchen Gemeinschaft sollte sich entwickeln hin zur Herausbildung von Assoziationen freier Produzenten, um auf diesem Wege jeglicher nationalen, korporativen usw. Separation entgegenzuwirken.

III. „Panmongolismus! – Wilder Klang …“

Im August des Jahres 2014 jährt sich zum hundertsten Male das Datum, da Russland als Versuchskaninchen auf dem Seziertisch des weltweiten sozialpolitischen Vivisektors gelandet ist. Der Tag des Eintritts Russlands in den Ersten Weltkrieg ist Beginn und Quell des Leidens und der Pein von einhundert Jahren. Schwierig und gefährlich war sein Weg schon Jahrzehnte vor diesem Ereignis, doch gab es damals noch eine gewisse Chance, im Gleis der normalen kulturhistorischen Entwicklung zu bleiben. Unglücklicherweise wurde diese Chance vertan. Dies geschah am 30. Juli mit der Unterzeichnung des Erlasses über die allgemeine Mobilmachung durch den Zaren. Er war sehr wohl darüber unterrichtet, dass die strategischen Pläne Deutschlands angesichts des drohenden Zweifrontenkrieges eindeutig vorsahen: Sollte Russland die allgemeine Mobilmachung verkünden, so ist dies als Kriegserklärung gegenüber Deutschland zu werten. Und so erklärte Deutschland Russland den Krieg. Interessant aber ist folgendes: Nach der Kriegserklärung leitete es keinerlei Kriegshandlungen gegen Russland ein – es war Russland, das die Kampfhandlungen eröffnete[3]. (Ja, Russland wurde von seinen Bündnispartnern dazu gedrängt, doch steht dies auf einem anderen Blatt.) So läutete der „große Vivisektor“ seine Versuchsreihe ein.

Es lag nicht an der Unfähigkeit der Diplomatie, dass Russland seine Chance vertan hat. Zwar hatte die Diplomatie durchaus ihren negativen Einfluss, doch spielte sie eine Nebenrolle. Vorderhand war es der Schlaf – geistiger, sozialer, politischer Schlaf, dem die russischen Machthaber anheimgefallen waren; und mit ihnen jene Öffentlichkeit, die gewöhnlich das

[3] Es sei hier noch angemerkt, dass weder Deutschland noch Österreich-Ungarn auf eine kriegerische Auseinandersetzung im Osten vorbereitet waren; davon zeugen die zunächst beachtlichen Erfolge der russischen Invasion.

geistige Leben eines Landes wach hält. Russlands Vernunft war in Schlaf gefallen, und sie brachte Monster hervor. Und jener „*Schlaf*“ nahm in einem besonders verantwortungsvollen Augenblick einen metaphysischen Charakter an. Rudolf Steiner beschrieb dies so: „Diese kriegerische Katastrophe wird es unmöglich machen, aus bloßen Dokumenten und Archivergebnissen heraus die Geschichte zu schreiben. [...] die entscheidendsten Dinge, die 1914 Ende Juli und Anfang August geschehen sind, [sind] geschehen [...] durch getrübte Bewußtseine. Die Menschen über die ganze Erde hin haben getrübte Bewußtseine gehabt und durch die Hineinwirkung ahrimanischer Mächte in diese getrübten Bewußtseine sind die Dinge geschehen“ [GA 186, 29.11.1919, S. 31]. (Auf russischer Seite steht für jene Bewusstseinstrübung der jeglicher Mystik so unendlich ferne damalige Kriegsminister W. A. Suchomlinow.) Alle Gedanken in Mitteleuropa und in Russland – so Rudolf Steiner in einem weiteren Vortrag – sind damals durch dämonische Geister konfisziert worden, und an ihre Stelle trat das wüste Unterbewusstsein [vgl. GA 192, 26.06.1919, S. 243]. Bis heute kann man bei uns nicht die Quelle der Eruption des „Volks“-Patriotismus der damaligen Zeit finden, dem sogar Studenten und Sozialisten erlegen waren.

Doch auch wenn die Entschlüsse der Menschen, die für die Entfesselung weltweiter Tragödien die Verantwortung tragen, von metaphysischen Kräften beeinflusst werden, so spricht sie dies nicht frei von ihrer Schuld. Man darf hier nur nicht den Begriff der Schuld *einengen*. Ihre Ursprünge können in der Zeit weit zurückliegen und im Geistigen sowohl in große Höhen wie in ferne Tiefen reichen. Natürlich sind die Menschen den Ereignissen nicht sozusagen in deren Momentaufnahme ausgeliefert. Die Anforderungen an sie sind, weit zu blicken – in die Höhen und in die Tiefen zu schauen, wenn sie den Gang des Schicksals ganzer Völker zu lenken die Absicht haben.

Das Unausweichliche des Weltkrieges erwuchs aus der Weltenkonstellation unserer gesamten Zivilisation. Seit dem Jahr 1879, als der Erzengel Michael die Regentschaft seiner Epoche antrat, begann buchstäblich ein Ansturm von Wogen des Geistes auf unsere Welt. Die Menschen mussten ihre Gefühle, ihr Verständnis diesen Wogen öffnen, damit diese in ihre Herzen, ihre Seelen hineinströmen konnten. Es waren jene Wogen des Geistes, die letztlich durch Rudolf Steiner in unsere Welt eingingen, doch stellten sich die Menschen in ihrer Mehrheit diesen entgegen, und dieser Widerstand fand seinen äußeren Ausdruck im Weltkrieg [vgl. GA 206, 10.07.1921].

Dies ist, was man vorderhand begreifen muss – dass jeder Mensch, insbesondere aber jener, der mit staatlicher Macht ausgestattet ist, die *Pflicht* hat, die wahre, ihrem Wesen nach sinnlich-übersinnliche Wirklichkeit zu erkennen, in allem nach Symptomen zu forschen, anhand derer er das Verständnis für die sich dahinter verbergenden Urbilder der jeweiligen Ereignisse ausprägen kann. Bestimmte Menschen widmen sich dieser Aufgabe schon, wenngleich auch in engen Zirkeln, in den geschlossenen Zentren der weltweiten okkult-politischen Macht, in der „Gemeinschaft der Dunkelheit". (Die wahre Macht in der Welt ist ja immer eine okkulte.) Doch stellt man dort die Erkenntnis in den Dienst verschiedenartiger Gruppenegoismen, nicht aber in den Dienst der Interessen der Menschheit.

In den 80er Jahren des 20. Jahrhunderts, mit dem Beginn der Perestroika gelangte das erste Experiment, das man mit Russland angestellt hatte, zu seinem Abschluss. Und bevor das zweite eingeleitet wird, hat das Land die Chance, den Weg der wahren, d. h. der nicht ausschließlich materiellen, sondern vielmehr der geistigen Entwicklung zu beschreiten, sein Schicksal selbst in die Hand zu nehmen, dem Wirkungskreis des Komplotts der Weltmächte zu entfliehen, die die Zivilisation dem Untergang entgegenführen. Nur wird dies ohne die

Geisteserkenntnis, ohne eine Öffnung gegenüber den „Wogen des Geistes", die in die menschlichen Seelen und Herzen hineinströmen, nicht gelingen. Was aber geschieht dann? – Darüber wollen wir hier einige Überlegungen anstellen.

Besonders lehrreich wird sein, wenn man die Aufmerksamkeit auf gewisse Parallelen der Ereignisse zu Beginn des 20. und zu Beginn des 21. Jahrhunderts lenkt. Als Deutschland im Jahr 1918 den Weltkrieg verlor, fand es sich in einer Situation wieder, die stark an die Lage Russlands nach Beginn der Perestroika erinnert. Die materielle Notlage Deutschlands zur damaligen Zeit war schlicht katastrophal, geistig aber hatte es sich von den Fesseln einer verknöcherten Monarchie befreit, und unter diesen Bedingungen war die Chance gegeben, auf einer neuen, spirituelleren Grundlage wiederaufzuerstehen, um seine ihm vom Karma der Weltentwicklung auferlegte Aufgabe zu erfüllen.

In jener Situation sah Rudolf Steiner die Möglichkeit für den Wandel der sozialen Struktur in Deutschland, damit diese in Übereinstimmung gebracht werden konnte mit den geistigen Aufgaben der Mitteleuropäer – durch die Verwirklichung der sozialen Dreigliederung im Land, wodurch ein weiteres Abgleiten der gesamten europäischen Kultur ins Chaos verhindert worden wäre. Er schrieb damals: „In Gesetzgebung, Verwaltung und sozialer Struktur die Trennung des Politischen, Wirtschaftlichen und Allgemein-Menschlichen [des geistigen Lebens – Anm. d. A.] als Ziel des mitteleuropäischen Strebens anerkennen und *annehmen*, das paralysiert die Kräfte der Westmächte. Das zwingt sie, […] sich im Gebiete ihrer Volksinstinkte die *ihnen* angemessene Struktur zu geben (als staatliche Gebilde), und die mittel- und osteuropäischen Völker ihre Gemeinsamkeit im Sinne wirklicher Menschenbefreiung auch innerhalb des ihnen zukommenden naturgemäßen Raumes ohne Störung, wie sie als Ursache dieses Krieges vorhanden war, sich ausleben zu lassen […]" [GA 24, S. 374–375].

Rudolf Steiner begründete den „Bund für Dreigliederung des sozialen Organismus“. Er suchte, zum Bewusstsein der Verantwortlichen vorzudringen. In einem Vortrag vom 21. April 1919 sagte er: „[…] ein ganz anderes wäre es gewesen, wenn noch in der Mitte oder selbst noch im Herbste des Jahres 1917 diese Dreigliederung von bedeutungsvoller Seite, entweder Deutschlands oder Österreichs, geltend gemacht worden wäre als eine Kundgebung der Impulse Mitteleuropas gegenüber den von amerikanischen Gesichtspunkten entworfenen sogenannten Vierzehn Punkten des *Woodrow Wilson*. Dazumal wäre das eine historische Notwendigkeit gewesen. Ich habe *Kühlmann* [Staatssekretär des Auswärtigen Amtes – Anm. d. A.] dazumal gesagt: Sie haben die Wahl, entweder jetzt Vernunft anzunehmen und auf das hinzuhorchen, was in der Entwickelung der Menschheit sich ankündigt als etwas, was geschehen soll […], oder Sie gehen Revolution und Kataklysmen entgegen. – Statt Vernunft anzunehmen, bekamen wir den Frieden von Brest-Litowsk. Denken Sie, was es gewesen wäre – das kann ohne Renommisterei gesagt werden –, wenn gegenüber den sogenannten Vierzehn Punkten dazumal in den Donner der Kanonen die Stimme des Geistes hineingetönt hätte. Ganz Osteuropa hätte dafür Verständnis gehabt – das weiß jeder, der die Kräfte in Osteuropa kennt –, den Zarismus ablösen zu lassen von der Dreigliederung des sozialen Organismus. Dann wäre zustande gekommen, was eigentlich hätte zustande kommen *müssen*“ [GA 192, 21.04.1919, S. 16–17].

Doch der „Schlaf der Vernunft“, welche eingelullt worden war von menschlicher Trägheit und ahrimanischen Dämonen, war nicht mehr rückgängig zu machen. Den „Punkten“ Wilsons (in dem, wie Rudolf Steiner meinte, die Monade Ahrimans zwar nicht inkarniert, wohl aber inkorporiert war und der dieser als Instrument diente) wurde die soziale Dreigliederung nicht entgegengestellt, und so trieb die Welt dem nächsten Weltkrieg entgegen.

* * *

Von außerordentlicher Aktualität ist nach unserem Dafürhalten ein umfassender und detaillierter Vergleich der Ereignisse in den 20–30er Jahren des 20. Jahrhundert in Mitteleuropa mit denen, welche in den letzten 25 Jahren bei uns sich vollzogen und welche in die Zukunft hineinwirken. Beginnen muss man mit dem, was schon vielfach von verschiedenen Politologen angemerkt wurde – dass der Kalte Krieg ein Krieg im buchstäblichen, nicht aber im übertragenen Sinne war. Zwar wurde er nicht mit Waffen geführt, sondern mit diplomatischen Mitteln, doch als er verloren war, da fand sich Russland unter dem Joch seiner eigenen „Versailler“ Verträge wieder. Seine Verluste in diesem Krieg waren nicht nur vergleichbar denen Deutschlands nach dem Ersten Weltkrieg, sondern übertrafen diese sowohl in absoluten Zahlen als auch im relativen (proportionalen) Verhältnis.

Wie dort, so gingen auch hier riesige Gebiete verloren: Weißrussland, die Ukraine, der Kaukasus, die asiatischen Regionen. Wie einst Deutschland, so wurden auch Russland ungeheure Kontributionen auferlegt: die Goldreserve, ein Großteil des waffenfähigen Plutoniums – dessen Preis weltweit nur noch von dem von Diamanten übertroffen wird – wurden außer Landes gebracht; Billionen Dollar gingen und gehen nach wie vor an die Banken der neuen „Entente“. Die Industrie wurde stärker zerstört als im Ergebnis des Zweiten Weltkrieges. Die Bevölkerung wurde sich selbst überlassen, es setzte eine aktive Entvölkerung ein, das Bevölkerungswachstum kam zum Stillstand usw. usf.

Ebenso wie dazumal in Deutschland wurden in Russland Industrieunternehmen, Immobilien, Rohstoffe – ja eigentlich das ganze Land – von gewissen Persönlichkeiten für einen Schleuderpreis aufgekauft.

Wie in Deutschland tat sich in Russland eine unüberbrückbare Kluft auf zwischen einer Handvoll krimineller Oligarchen und der Mehrheit einer entrechteten, hungernden Bevölkerung. Zwar wurde auch jegliche Zensur, jedwede Einschränkung der freien Meinungsäußerung, das Verbot der Gründung von Parteien und Vereinigungen, der Publikation von Medienerzeugnissen abgeschafft. Doch unter den Bedingungen von allgemeinem Niedergang, von Verrohung und hartem Überlebenskampf konnten diese Freiheiten keinerlei Erneuerung hervorbringen. Im Volk machte sich Unmut breit, in Russland waren die Menschen wie einstmals in Deutschland bereit, jedem zu folgen, der einen Ausweg aus Hunger und Kälte versprach.

Zum Ende der 20er Jahre des 20. Jahrhunderts hatte in Deutschland ein Prozess der Stabilisierung eingesetzt – da kam der Nationalsozialismus an die Macht. Eine Stabilisierung der Verhältnisse lässt sich derzeit auch in Russland ausmachen. Und man stellt sich allgemein die Frage: Welche Form der Macht wird diese Periode der Stabilisierung mit sich bringen? – Es ist dies eine überaus interessante Frage, denn sie zeugt davon, dass die Gegenüberstellung der zwei genannten Zeitabschnitte nicht wenige Menschen beschäftigt, in erster Linie das linke Establishment, das die Perestroika anführte und das nach wie vor eine nicht zu unterschätzenden Macht im Lande darstellt. In seinen Reihen wächst die Unruhe angesichts der Gefahr, dass die Festigung der Staatsmacht wie einst in Deutschland einen radikalen Charakter annehmen könnte und man damit alles verlieren würde – Macht, Geld, möglicherweise auch die Freiheit und das Leben.

In diesem Jahr fanden in Russland die Olympischen Winterspiele statt. Die linke Opposition stellte sie in eine Reihe mit den Olympischen Spielen, die 1936 von Nazideutschland ausgerichtet wurden. Äußerlich betrachtet entbehrt dieser Vergleich jeglicher Grundlage, denn die heute bestehende Macht hat mit dem Nationalsozialismus nichts gemein. Jedoch als eine Art symptomatisches Ereignis kann die Olympiade in Sotschi durchaus herhalten. Davon aber später.

Betrachten wir nun die Krise, die im Jahr 1929 in den USA ihren Anfang nahm. Die Konspirologen sind sich längst einig, dass sie künstlich hervorgerufen wurde, und niemand zweifelt noch daran, dass sie die Machtergreifung durch die Nationalsozialisten in Deutschland begünstigt hat. Und auch heute kann man die Absicht erkennen, eine weltweite Finanzkrise heraufzubeschwören. Ein erster Versuch ist bereits unternommen worden. Hier aber scheinen die Meinungen bezüglich dieser Frage irgendwo offenbar auseinanderzugehen. Die heutige Finanzsituation in der Welt unterscheidet sich substantiell von der zu Beginn des 20. Jahrhunderts. Unter den jetzigen Bedingungen ist eine solche Krise dazu angetan, eine nicht mehr beherrschbare Kettenreaktion auszulösen, die alles ins Chaos stürzen würde.

Man kann in unserer vergleichenden Analyse auch ein so bemerkenswertes Symptom wie das sich in der Welt vollziehende Umlegen des, sagen wir einmal, größten „Steuerhebels“ von links nach rechts nicht außer Acht lassen. Dies lässt sich an einer Vielzahl von Phänomenen ablesen, besonders deutlich aber daran, dass der Papststuhl von einem Jesuiten besetzt worden ist. Dies geschah erstmals in der Menschheitsgeschichte, und zwar, wie man so sagt, „im Eilzugtempo“. Es setzte voraus, dass der Vorgänger auf dem Papststuhl eilig in den Ruhestand versetzt wurde. Für gewöhnlich zieht es der politisierte Katholizismus vor, hinter den Kulissen die Strippen zu ziehen, sich fremder Hände zu bedienen, um „die Kastanien aus dem Feuer zu holen“. Wenn man sich nunmehr entschlossen hat, die Führung eines solch bedeutenden Elements der Weltmacht, wie es das Papsttum ist, unmittelbar in die eigenen Hände zu nehmen, so zeugt dies davon, dass die Welt an der Schwelle eminenter Veränderungen steht. Vermutlich sind dies

Veränderungen hin zum Negativen. Auch im Europa des ersten Viertels des 20. Jahrhunderts war ein merklicher Rechtsruck in der Weltpolitik zu beobachten. Heute ist bereits nachgewiesen, dass der Vatikan bei der Machtübernahme des Nationalsozialismus eine überaus bedeutende Rolle spielte. Eine solche Figur wie Himmler war unmittelbar eine Kreatur des Vatikans. Der Nationalsozialismus war in seinem Wesen eine weltweite Erscheinung. Und beispielsweise die Mission von Hess in Großbritannien scheiterte aus einem reinen Zufall heraus – weil er vermutlich „in falsche Hände" geriet, und nicht diejenigen erreichte, zu denen er eigentlich wollte.

* * *

Diese vergleichende Analyse könnte man noch lange fortsetzen (man könnte sich beispielsweise die berüchtigte Achse Berlin–Moskau–Tokio in Erinnerung rufen; heute wird die Absicht laut, sie wiederaufleben zu lassen, nur würde an die Stelle Tokios nunmehr Peking treten) – dies würde lediglich den daraus resultierenden Schluss bekräftigen, dass in unserer Zeit der Versuch unternommen wird, *das Szenario der 20–30er Jahre des 20. Jahrhunderts noch einmal aufleben zu lassen, um den Gang der Weltereignisse nach diesem Schema zu lenken, wobei anstelle Deutschlands diesmal Russland in das Zentrum der Ereignisse gerückt werden soll.* Dies geschieht, weil diejenigen, die den Lauf der Weltgeschichte planen, der Auffassung sind, dass das Projekt der Globalisierung „durchgeboxt" werden soll.

Aus vielen Quellen ist bekannt, dass die Anfänge dieses Projekts am Ende des 19. Jahrhunderts zu suchen sind. Und zu diesem Zeitpunkt bereits war von den Führern der Geheimgesellschaften postuliert worden, dass für dessen Verwirklichung drei Weltkriege notwendig sein würden. Dies würde, so meinten sie, den Konservatismus der Menschheit brechen, die nicht begreifen möchte, dass man es dem irdischen Paradies entgegen führen wolle. Heute liegen zwei dieser Kriege bereits hinter uns, und die neuen Vertreter (nicht Führer) jener Gesellschaften, wie etwa Brzeziński, Kissinger (zwei, wie man sie nennt, „graue Kardinäle" der weltweiten politischen Elite: einer rechts-, der andere linksorientiert) oder Jacques Attali, bieten der Menschheit offen an, die Wahl zu treffen, entweder freiwillig die „neue Weltordnung" anzuerkennen oder aber in einen weiteren Weltkrieg hineingezogen zu werden. So beispielsweise Jacques Attali in einem Vortrag, den er auf Bitten der Baseler Abteilung des World Jewish Congress hielt. Die „Basler Zeitung" (Nr. 253, 30.10.2002) gab dies so wieder: „Attali schloss mit dem Appell, dass nur eine Weltregierung nicht nach einem Konflikt, sondern an Stelle eines [Welt-]Krieges entstehe. Er erinnerte daran, dass der Völkerbund *nach* dem Ersten Weltkrieg und die UNO *nach* dem Zweiten Weltkrieg geschaffen wurden." – Im großen und ganzen ein durchaus deutlicher Hinweis.

Die Menschheit allerdings zögert, ihre Wahl zu treffen, und ihre Situation wird damit immer bedrohlicher. Davon zeugt beispielsweise, was Zbigniew Brzeziński in diesem Zusammenhang denkt und ausspricht, wie man in einem Artikel im Internet leicht nachlesen kann. Hier einige Fragmente daraus.

„Der frühere nationale Sicherheitsberater […] fügte hinzu, es zeige sich: Dieses ‚Anwachsen weltweiter von der Bevölkerung getragener Aktivitäten ist einer von außen auferlegten Vorherrschaft, wie sie das Zeitalter des Kolonialismus und des Imperialismus geprägt hat, abträglich'. Ein ‚anhaltender und von starken Überzeugungen und Motiven getragener und in der Bevölkerung verankerter Widerstand von Menschen, die politisch erwacht sind und aus historischen

Gründen eine Kontrolle von außen ablehnen, ist nachweisbar immer schwerer zu unterdrücken' [...].[4]

Brzeziński verzichtete bei seinen Äußerungen zwar scheinbar auf eine Wertung, aber die ideologische Umgebung, in der er sprach, und auch frühere Erklärungen deuten darauf hin, dass es hier nicht darum ging, den ,vom Volk getragenen Widerstand' zu feiern, sondern vielmehr die Folgen zu beklagen, die dieser für die ,Kontrolle von außen' bedeutet, für die sich Brzeziński immer wieder stark gemacht hat. Seine Rede fand nämlich im Rahmen einer Veranstaltung des European Forum for New Ideas (EFNI, ,Europäisches Forum für neue Ideen') statt, das sich für die Umwandlung der Europäischen Union in einen undemokratischen föderalen Bundesstaat, also genau den Typ bürokratischer ,Kontrolle von außen' einsetzt, die nach Ansicht von Brzeziński in Gefahr ist.

In diesem Zusammenhang muss klargestellt werden, dass es sich bei Brzezińskis Argument, ein ,von der Bevölkerung getragener Widerstand' gefährde die Durchsetzung einer Neuen Weltordnung, um eine Warnung und nicht um eine Zustimmungsäußerung handelt. Es lohnt sich auch darauf hinzuweisen, dass Brzeziński [schon 1982] in seinem Buch *Between Two Ages: America's Role in the Technotronic Age* die Kontrolle der Bevölkerung durch die herrschende politische Klasse mithilfe moderner, insbesondere elektronischer Technologien befürwortet hat. ,Im technotronischen Zeitalter bildet sich

---

[3] Dies „politische Erwachen" äußert sich zuweilen auf ganz bemerkenswerte Art und Weise. Folgendes war beispielsweise in einem Artikel der Baseler Zeitung „Blick am Abend" vom 28.04.2014 zu lesen – verfasst in Form eines offenen Briefes an die Bundesrätin und Vorsteherin des Eidgenössischen Justiz- und Polizeidepartements der Schweiz, Simonetta Sommaruga (ihrem Äußeren nach eine kultivierte Dame Mitte fünfzig):

> „Liebe Simonetta Sommaruga! Die Welt kann in den 3. Weltkrieg kippen – Sie beauftragen eine Basler Rechtsprofessorin, das Schweizer Familienrecht neu zu fassen! Wir warten auf Ihre Antwort zur Überfremdungsinitiative – Sie hirnen über die Abschaffung der Zivilehe nach. Lassen nachdenken, dass man das Inzest-Verbot aufheben soll – die Vielweiberei aber einführen: wegen des Islams. Weiter so, Frau Bundesrätin. Wann führen Sie den Einödbauer mit seiner geliebten Kuh zur Lebensgemeinschaft? Begleitet von Ihnen am Piano mit dem ,Hochzeitsmarsch'. Um das Veganer-Gebot – Tier und Mensch sind gleichberechtigte Partner – auch juristisch einzufordern?" Autor: Helmut-Maria Glogger

schrittweise eine immer stärker kontrollierte Gesellschaft heraus. Eine solche Gesellschaft wird von einer Elite beherrscht, die sich nicht an traditionelle Werte gebunden fühlt. Bald wird es möglich sein, jeden Bürger praktisch ständig zu überwachen und in umfassenden und ständig aktualisierten [elektronischen] Akten selbst die persönlichsten Informationen über die Bürger zu sammeln. Auf diese Akten wird von den Behörden unmittelbar zugegriffen werden‘, schreibt Brzeziński dort. ‚In der technotronischen Gesellschaft wird der Trend in Richtung einer Zusammenführung der Millionen einzelner und unkoordinierter Bürger gehen, die leicht durch charismatische und attraktive Persönlichkeiten beeinflusst werden können, die die modernsten Kommunikationstechniken einsetzen, um die Gefühle zu manipulieren und das Denken zu kontrollieren‘, heißt es an anderer Stelle des Buches.

Die plötzliche Besorgnis Brzezińskis über die Folgen, die es hätte, wenn man es plötzlich mit einer politisch aufmerksamen und aktiven Bevölkerung zu tun hätte, rührt keinesfalls daher, dass er sich in irgendeiner Weise mit deren Zielen identifiziert. Brzeziński ist ein hartgesottenes und überzeugtes Mitglied und ein intimer Kenner der Elite. [...]

Brzeziński beklagt sich nicht zum ersten Mal über die in der Bevölkerung aufkeimende Opposition gegen die bevormundende Vorherrschaft von außen durch eine kleine Elite. In einer Rede auf einer Veranstaltung des *Council of Foreign* Relations in Montreal warnte er bereits 2010 seine globalistischen Mitstreiter, ein ‚weltweites politisches Erwachen‘ gefährde zusammen mit inneren Zwistigkeiten in der Elite die Durchsetzung einer Neuen Weltordnung.“

Autor: Paul Joseph Watson

* * *

Bei einer Wiederholung des bereits erprobten Szenarios würde Russland in die Lage gebracht, in der ihr die Gefahr drohte, einen *Zweifrontenkrieg* zu führen: gegen Europa und gegen den Osten, gegen China. Daher muss es, so meint man in der „Gemeinschaft der Dunkelheit", wieder ein starker einheitlicher Staat werden, muss sich all das wieder einverleiben, was es bei seinem „Versailles" des Jahres 1991 verloren hatte. Zugleich muss es immer stärker von der Welt isoliert werden. Es soll wahrlich von der Welt „mehr gehasst [werden] als Mitteleuropa". Den ersten Anstoß dazu gab die Angliederung der Krim. Die Methode, mit deren Hilfe dies geschah, zeigt, dass die Macht in Russland „eingeschworen" wird auf die Angliederung von Territorien. Zunächst nur der eigenen, später aber soll die Angelegenheit durchaus weitere Kreise ziehen.[5] Die beschriebenen Parallelen werden sich fortsetzen. In Deutschland lagen die Dinge bekanntlich so, dass zunächst eine neue, starke Macht dem Land die Gebiete, die ihm zuvor genommen worden waren, wiederbrachte. Man kann leicht nachvollziehen, dass man sich damit den Rückhalt der gesamten Bevölkerung sicherte: angegliedert wurden das Elsass und ein Teil der Sudeten (mit Unterstützung von Großbritannien und Frankreich) – Gebiete, die über Jahrhunderte von Deutschen besiedelt worden waren –, deutsche Städte: Straßburg, Danzig. Dann aber entwickelten sich die Vorgänge anders. Es begann ein strategisches Spiel. So verkündete etwa Großbritannien die Absicht, seine Truppen in Norwegen einmarschieren zu lassen. Natürlich musste man dem Gegner zuvorkommen und schneller sein als er. Und so geschieht es auch.[6] (Genau nach derselben Me-

---

[5] Mit der Wiedererlangung der Krim hat Russland in gewisser Weise sein eigenes „Ostpreußen" erhalten. Sogleich stellte sich hier naturgemäß die Frage des „polnischen Korridors". Im Jahr 1939 führte sie zum polnisch-deutschen Krieg und zur Teilung Polens. Schauen wir, welches Ende die Angelegenheit bei uns nehmen wird.

[6] In diesem Zusammenhang wird die Kenntnis der wahren Geschichte des nationalsozialistischen Kriege immer aktueller, diese aber liegt in russischer Sprache bis heute nicht vor.

thode provozierte die UdSSR ihren Einmarsch in Afghanistan.) Der Führer wurde ans Gängelband genommen.

Wie Russland gemäß diesem Schema künftig agieren soll, zeigt die oben gezeigte Karte, auf der die fette Linie der Grenze zwischen Europa und „Euro-Asien“ unten weit in den Westen hineinreicht – wie einige Politologen es nennen, in den „Unterbauch“ von Europa. (Und, so sei nebenbei angemerkt, ist nicht hier die Ursache zu suchen für den Default Griechenlands, das nach Wegen sucht, aus der EU auszubrechen oder für die Abtrennung des Kosovo von Serbien?) Dies ist der durchaus reale Weg, auf dem ein wiedererstarktes Russland einen Konflikt mit Europa heraufbeschwören könnte. Im Ergebnis aber wird Europa sich immer weiter und immer gehorsamer unter die schützenden Fittiche der amerikanischen Obhut begeben.

Was die Wechselbeziehungen zwischen Russland und China anbelangt, so lassen sich diese sehr leicht und schnell in jede beliebige Richtung wenden. Es genügt hier, sich an die Erfahrung aus Sowjetzeiten zu erinnern, als man enthusiastische Lieder sang wie etwa dieses: „Moskau – Peking, Moskau – Peking: es schreiten die Völker ... für eine lichte Zukunft ...“ usw., – und plötzlich sah man sich in den Grenzkonflikt um die Insel Damanski verwickelt. Vergleicht man aber das Kräfteverhältnis von Russland und China, so ähnelt es dem von Russland und Deutschland dazumal – wenngleich diesmal zuungunsten Russlands. Während des Zweiten Weltkrieges wurden die schier unerschöpflichen menschlichen Reserven des Gegners zu einem Alptraum für die Soldaten der Wehrmacht. Sie sahen sich der Tatsache gegenüber, dass die sowjetische Armee ungeheure Verluste erlitt, ohne dass deren Angriffsmacht in irgendeiner Weise geschmälert wurde.[7] Diesen Vorteil kann

[7] Feldmarschall von Bock, der an den Kämpfen um Moskau teilnahm, schrieb am 7. Dezember 1941 in sein Tagebuch: „In überraschend kurzer Zeit hat der Russe zerschlagene Divisionen wieder auf die Beine gestellt... Heute stehen 24 – größtenteils aufgefüllte – Divisionen mehr vor der Heeresgruppenfront, als am 15. November. Demgegenüber ist die Kraft der deutschen

Russland immer gegenüber dem Westen ausspielen; und verliert ihn, sobald die Bedrohung aus dem Osten kommt – wie schon einmal während der Zeit der mongolisch-tatarischen Invasion. Und künftig könnte diese Bedrohung durchaus in Gestalt einer Koalition der Kräfte des Ostens daherkommen!

* * *

Was die kriegerische Auseinandersetzung zwischen Ost und West an sich anbelangt, so liegt ihre Möglichkeit – möglicherweise gar ihre Unausweichlichkeit – im Karma Europas selbst begründet. Der Osten wird angeführt von großen luziferischen Eingeweihten. Sie sehen in der gesamten westlichen Zivilisation das Böse und streben danach, Rache zu nehmen für die Unterdrückung des Spiritualismus des Ostens durch Materialismus und Technisierung. Dies ist die im Osten vorherrschende Überzeugung – dass die westliche Zivilisation zum Wohle der gesamten Menschheit mit Stumpf und Stiel ausgerottet werden muss. Es genügt hier, einmal auf die Äußerungen islamischer Fundamentalisten diesbezüglich zu hören.

Rudolf Steiner sprach, als Europa während des Ersten Weltkrieges noch – aus dem eigenem Willen heraus – von Blutströmen überzogen war, bereits die Warnung aus: „Werden sich nicht immer mehr und mehr Menschen finden, die den Gedanken hegen, gemeinsamen europäischen Widerstand dem Kriegswillen verborgen wirkender Mächte entgegenzustellen, dann, ja dann ist der Zusammenbruch der europäischen Kultur nicht zu vermeiden. Schon braust uns vom Osten herüber ein Kriegswille entgegen – aus Japan, wo sich ein Imperialismus vorbereitet, der vielleicht ein viel mächtigerer sein wird, als ihn die bisherigen Imperien hatten. Der Eroberungswille äußert

---

Divisionen durch die ununterbrochenen Kämpfe und durch den mit großer Gewalt hereinbrechenden Winter auf weniger als die Hälfte herabgesetzt…" [Generalfeldmarschall Fedor von Bock: Zwischen Pflicht und Verweigerung. Das Kriegstagebuch. Herbig, 1995, S. 342].

sich in dem Ruf des neuen Nationalliedes, das, anklingend an die englische Hymne ‚Rule Britannia', nun ertönen läßt sein ‚Rule Nippon'". Und anschließend las Rudolf Steiner einen Hymnus vor, der von einer japanischen Zeitung publiziert worden war:

„Als Nipun auf des Herrn Gebot
Der Flut enttaucht im Morgenrot,
Hallt tönend durch die weite Welt
Ein Ruf vom blauen Himmelszelt:
Zur Herrschaft, Japan, bist du geboren,
Erhebe dich stolz mit der Morgensonne:
Ich habe dich zum Herrn dieser Erde erkoren.
Zerrissen von Haß und blinder Wut
Sinkt hin Europa im eignen Blut,
Doch du, von Schuld und Fehler rein,
Sollst dieser Erde Hüter sein.
Zur Herrschaft, Japan, bist du geboren.
Erhebe dich stolz mit der Morgensonne!
Ich habe dich zum Herrn meiner Erde erkoren."
[GA 174, 08.01.1917, S. 102–103]

Einfach nur lächerlich erscheinen vor diesem Hintergrund die Hirngespinste unserer und der westlichen Eurasier hinsichtlich der Erschaffung eines großen Bündnisses, das von Lissabon bis nach Wladiwostok reichen soll. Recht wenig Gespür für die Realität steht hinter der Absicht Russlands, einen Finanz- und Wirtschaftsblock der Staaten des pazifischen Raumes zu schaffen, um mit dessen Hilfe die Weltherrschaft der USA zu untergraben. Äußerlich gesehen mag ein solches Vorhaben scheinbar dem objektiven Prozess entsprechen, der darin besteht, dass – aufgrund dessen, dass Europa nicht geneigt ist, sich vom Materialismus ab- und der Erkenntnis der geistigen Grundlagen des Lebens zuzuwenden – eine Verschiebung des Zentrums des historischen und zivilisatorischen Prozesses von Europa hin zum Pazifischen Raum erfolgen muss. Doch sollte man wissen, dass dies ein Prozess des Untergangs Europas (und selbstverständlich auch Russlands) ist. Rudolf Steiner sagt dazu folgendes: „Ruhe auf der Erde wird nicht sein, bevor eine gewisse Harmonisierung der großen okzidentalen und orientalen Angelegenheiten sich wird abgespielt haben […] auf geistigem Gebiete." Da es dazu aber nicht kommt, so wird „[d]er große Krieg […] geführt werden zwischen Asien und dem Westen trotz aller Abrüstungskonferenzen […]"; er ist unvermeidlich, „wenn nicht die Asiaten vom Westen herkommend etwas sehen, was Geist des Westens ist, der ihnen deshalb leuchten kann und zu dem sie Vertrauen werden haben können, weil sie dafür Verständnis haben aus ihrer eigenen, obzwar in die Dekadenz gekommenen Geistigkeit heraus. An dem Verständnis dieser Sachlage hängt der Friede der Welt, nicht an jenen Unterhaltungen, die heute die äußeren Führer der Menschheit pflegen.

Alles liegt heute an der Einsicht, daß es auf den Geist ankommt, der innerhalb der europäisch-amerikanischen Kultur verborgen ist, den man flieht, den man aus Bequemlichkeit nicht haben will, der aber doch einzig und allein die Menschheit zu Aufgangskräften führen kann." *Hoffnung auf Besserung hat, sofern sie gespeist ist aus einem Geist des Fatalismus heraus, keinerlei Bestand.* „[…] die Menschheit muß selber entscheiden, ob sie die Spiritualität haben will, oder ob sie sie nicht haben will. [Dies ist in letzter Konsequenz die Wahl, die die Menschheit zu treffen hat, nicht aber die, auf die die Globalisten verweisen – Anm. d. A.] Wird sie sie haben wollen, dann wird ein Fortschritt der Menschheit möglich sein. Wird sie sie nicht haben wollen, dann ist der Untergang des Abendlandes besiegelt, dann wird unter den furchtbarsten Katastrophen eine ganz andere Fortentwickelung der Menschheit stattfinden müssen, als sich viele heute träumen lassen“ [GA 209, 24.11.1921, S. 16–17].

Dies waren die Worte Rudolf Steiners im Jahr 1921; heute kann man mit Fug und Recht sagen, dass die Menschheit die Spiritualität *nicht haben will*, obgleich sie in der Tat „politisch erwacht“ ist. Und unter diesen Bedingungen werden sich die Ereignisse entwickeln, die nach dem Szenario der zwei vorangegangenen Kriege geplant wurden! Für die luziferischen Eingeweihten des Ostens ist China nichts anderes als eine überdimensionale Keule, die man auf einen in militärischer Hinsicht starken Gegner niedergehen lassen kann. Für die ahrimanischen Eingeweihten des Westens ist Russland eine solche Keule. Und so wird man, sollte es zu einer kriegerischen Auseinandersetzung zwischen Ost und West kommen, von keiner Seite auf irgendeine Art von Courtoisie hoffen können. Im tödlichen Widerstreit werden nicht die Schwerter gekreuzt werden, sondern es werden Keulen geschwungen.

Diese Auseinandersetzung hat Wladimir Solowjow vorhergesehen; er berichtet darüber in seinen „Drei Gesprächen“. Er hielt sie für unausweichlich, die Ursache erblickte er ebenfalls im geistigen Verfall des Westens. Ausdruck für seine Haltung fand er auch in seinem berühmten Gedicht:

Panmongolismus! Wilder Klang –
Doch mir tönt er vertraut und licht.
Es ist, als ob vom Weltengang
Die Schicksalsstimme Gottes spricht.

Als in Byzanz, dem tief verderbten,
Erlosch der göttliche Altar,
Und als sich vom Messias trennten
Der Fürst, der Priester, Volk und Zar –

Da zog von Ost wie ein Gewitter

Heran ein fremder Heidenstrom,
Und unterm schweren Schlag erzitternd
Zerrann zu Staub das zweite Rom.

Das Schicksal des gefall'nen Reiches
Bringt Russland nicht aus seiner Ruh'.
Beständig sagen Russlands Schmeichler:
„Das dritte Rom – bist du! bist du!

So sei es denn! Die Gottesplagen
sind noch nicht alle aufgebraucht.
Schon rüstet sich zu neuen Schlägen
Die aufgewachte Völkermacht.

Vom Archipel zum Himalaja,
Geführt vom Inselreich im Meer,
Staut sich an Chinas alter Mauer
Unendlich groß ein Riesenheer.

Heuschreckengleich, vital, gefräßig,
Wild, unersättlich, ohne Zahl,
Erfüllt von Kräften übermäßig
Ergießt nach Norden sich sein Strahl.

Russland! Vergiss die Ruhmgefühle:
Der Doppeladler ist nicht mehr,
Und gelben Kindern gibt zum Spiele
Man deine Fahnenfetzen her.

Erniedrigt und beleidigt zittert,
Wer das Gebot vergaß, zu lieben…
Das dritte Rom ist Staub, zerschmettert –
Ein viertes wird es nicht mehr geben.

[Übersetzt von Adrian Wanner]

Somit gibt es für Russland gute Gründe, die ausgetretenen Pfade seiner Vorwärtsbewegung, die man noch in unguter Erinnerung hat, zu verlassen. Es sollte in seinen Außenbeziehungen keine übermäßige politische Aktivität an den Tag legen, wenngleich das natürlich nicht bedeutet, dass es sich isolieren sollte; es sollte einen Weg einschlagen, wie ihn beispielsweise Schweden, Norwegen, die Schweiz vorleben. Es sollte die Teilnahme an gefährlichen internationalen Hasardspielen meiden, nach der Methode handeln: Sich vom Tun fernhalten. Dies sollte uns die schmerzlichen Erfahrungen der Vergangenheit lehren. – Als Rudolf Steiner über den Beginn des Ersten Weltkrieg sprach, so bemerkte er, es sei nicht in erster Linie die Frage bedeutsam, wer die Schuld am Krieg trage, sondern vielmehr eine andere: „Wer hätte den Krieg verhindert können? – Darauf wird die Antwort keine andere sein können als die: Die russische Regierung hätte den Krieg verhindern können!" [GA 159, 18.05.1915, S. 265]. Und auf welche Weise? – so fragen wir heute. – Indem sie untätig geblieben wäre! Einfach durch das Nicht-Eintreten in die Kriegshandlungen. Von einigem Interesse ist, dass Wilhelm II. am 29. Juli, also einen Tag vor Unterzeichnung des Erlasses über die allgemeine Mobilmachung, an Nikolaus II. telegrafierte: „... Ich glaube [...], daß es Dir [...] möglich sein wird, dem serbisch-österreichischen Konflikt zuzuschauen, ohne die Welt in einen der fürchterlichsten Kriege zu stürzen." Ergänzend schrieb der Kaiser, dies würde Russlands Ansehen in keiner Weise schaden. Diese Möglichkeit, den Krieg „zu verhindern", hatte Russland auch noch all die Jahre, da der Krieg fortdauerte. W. A. Suchomlinow schreibt in seinen „Erinnerungen": „Im Jahre 1915 hatte die russische Diplomatie alle Möglichkeiten, eine selbständige Politik zu verfolgen, die zum Friedensschluss der Entente mit Deutschland hätte führen können, denn man hätte Russland nicht zwingen können, die Bedingungen eines

Vertrags zu erfüllen, *der von der anderen Seite nicht eingehalten wurde* [Hervorhebg. d. A.]".

Natürlich wäre es unter den damaligen Bedingungen nicht einfach gewesen, lediglich Zuschauer zu bleiben; noch schwerer dürfte dies heute sein. Dafür braucht es starke Kräfte innerhalb des Landes, und zwar nicht in erster Linie militärische (die man selbstverständlich auch braucht), sondern vor allem geistige. Diese wird man nur erlangen, indem man an die höheren geistigen Wesen appelliert; im gesellschaftlichen Leben aber kann ein solcher Appell nur die Form der sozialen Dreigliederung annehmen. (Hier sei noch einmal an das erinnert, was Rudolf Steiner zur Chance Deutschlands im Jahr 1919 sagte.) Diejenigen, die in Russland leben – die Machthaber wie auch die gesamte Bevölkerung – müssen – um den Erhalt ihrer selbst willen, um den Erhalt des Landes und seiner Kultur willen, um die Möglichkeit willen, weiter auf Erden leben und sich entfalten zu können – unbedingt die innere Kraft aufbringen, die Fesseln des Materialismus zu sprengen, den Schlaf des Verstandes zu überwinden, frei auf die weite Welt der, in ihrer Einheit sinnlich-übersinnliche, Wirklichkeit zu schauen; und sie sollten begreifen, dass göttliche Wesen von höchster Heiligkeit und unermesslicher Macht ihnen und der Welt der auf Erden wandelnden Menschen in Liebe zugewandt sind und nur darauf warten, dass die Menschen mit dem Verständnis der Weltenkonstellation sie, ihre Kräfte anrufen, und sie werden ihre Hilfe sogleich gewähren. Denn sobald die Menschen diese Situation begreifen, verstehen sie auch, was zu tun ist, um sich selbst in Einklang zu bringen mit den Entwicklungsgesetzen der menschlichen Individualität hin zur Freiheit. Im Ergebnis einer ungeheuren Evolution ist der Mensch endlich an einen Entwicklungsabschnitt gelangt, da er – wie jene göttlichen Wesen auch – das eigene höhere Ich zu erlangen fähig ist. Er muss dies selbst bewirken. Die Götter schätzen ihn bei dieser seiner Aufgabe auf das höchste. Doch muss er selbst den Entschluss fassen, sie zu verwirklichen. Dann wird die göttliche Hilfe den Charakter eines *Zusammenwirkens* annehmen. Hilfe aber im alten Sinne, da die Götter den Menschen an die Hand nahmen wie ein Kleinkind, steht im Widerspruch zur heutigen Entwicklung, führt nur dazu, dass die Menschen zurückbleiben in ihrer Entwicklung. Und daher bleiben die Götter stumm, wenn ein Mensch solcherart Hilfe von ihnen erstrebt.

* * *

Neben den Entsprechungen, die die Situation der 20–30er Jahre des 20. Jahrhunderts mit der heutigen aufweist, gibt es auch Unterschiede. Deren größter ist, dass wir an der Schwelle zur irdischen Inkarnation der ahrimanischen Monade stehen. Es ist dem Autor bewusst, dass er, wenn er sich diesem Thema zuwendet, Gefahr läuft, in eine Reihe gestellt zu werden mit den zahlreichen „Mystikern" unserer Tage, mit Parapsychologen u. a., die mit ihren konfusen, verworrenen und fast durchweg abwegigen Vorhersagen die Seiten der einschlägigen Druckerzeugnisse füllen. Man muss eingestehen, dass diese trüben Gewässer dem Vertrauen gegenüber jedweder Esoterik ernsthaften Schaden zufügen, sie ungeheuer diskreditieren. Hier gilt es, ungeachtet einzelner terminologischer Übereinstimmungen eine sehr scharfe Unterscheidung zu treffen zwischen der anthroposophischen und jeder anderen Esoterik. Die Esoterik der Anthroposophie ist eine Geisteswissenschaft. Sie ist ebenso genau und konsequent wie jede andere der anerkannten Wissenschaften. Das ist etwas, was keine andere der heute bekannten anderen Formen der Esoterik aufweisen kann. Und als Wissenschaft ist sie ganz und gar *souverän.* Fälschungen aber, Profanierungen lassen sich im Übrigen nicht nur im Okkultismus ausmachen, sondern auch in den bekannten Wissenschaften. Stellt doch beispielsweise Marx' Dialektik nichts anderes dar als die Profanierung und Fälschung der Dialektik von Hegel.

Die Prophezeiung der „Ankunft des Antichrist" ist sehr alt. Sie findet sich in der Apokalypse. Dass diese Ankunft sich in unseren Tagen vollziehen wird, darum wissen und daran glauben sehr viele Menschen auf Erden. In den USA gibt es beispielsweise eine viele Millionen Mitglieder zählende Sekte, die für eine allseitige Unterstützung Israels eintritt, da sich die Ankunft des Antichrist angeblich ebendort vollziehen und Israel sehr viel Kraft brauchen wird, um mit ihm fertig zu werden. Fernerhin kann man überall in den Massenmedien – im Fernsehen, in den Zeitungen – Politiker und führende Finanzmagnaten usw. sehen, die mit ihren Händen eine bestimmte Geste ausdrücken. Sie bedeutet die Zahl 666, von der in der Apokalypse die Rede ist als von der „Zahl des Tieres". Viele führen diese Geste aus, um ihre Eingeweihtheit in das Geheimnis und also ihre „Auserwähltheit" zu demonstrieren (ein Banause bringt es fertig, alles nur erdenklich Mögliche zu profanieren). Andere wollen, indem sie bei öffentlichen Auftritten diese Geste zur Schau stellen, den Teilnehmern bestimmter Veranstaltungen gleichsam zurufen: Worüber streiten wir? Warum widersprecht ihr? Das ist es! dies läuft ab! – Zumindest etwas in dieser Art – eine genaue Deutung ist nicht möglich, denn die Bedeutung dieser Gestik wird geheimgehalten.

Wenn wir von der Inkarnation des Ahrimans sprechen, so lassen wir uns von den Mitteilungen Rudolf Steiners leiten. Er weist nicht nur auf das Ereignis hin, er erläutert vielmehr jene Gesetzmäßigkeiten, die es möglich machen. Er spricht davon, dass sich im dritten Jahrtausend v. Chr. in Asien die Inkarnation Luzifers vollzog (dank ihr entwickelte sich beispielsweise der Konfuzianismus). Sie hatte zur Folge, dass die Entwicklung der Menschheit sich fortan ausgesprochen einseitig vollzog. Und um hier in gewisser Weise einen Ausgleich zu bewirken, vollzog sich die Menschwerdung des Christus; aber

Ehemaliger US-Aussenminister Colin Powell

Anita Fetz, Ständeratskanditatin der SP (Schweiz)

auch, um die widrigen Folgen der bevorstehenden Inkarnation eines weiteren zurückgebliebenen Geistes im Vorfeld schon abzumildern, zu neutralisieren, um dem Menschen Kräfte zu verleihen, die für ein Zusammentreffen mit diesem Geist in der sinnlichen Welt vonnöten sind. Mit Beginn unserer, der fünften nachatlantischen Kulturepoche, da die individualistische Entwicklung des Menschen rasant fortschreitet, haben sich Kräfte geformt, die die Inkarnation Ahrimans unausweichlich machen. Er hat ein objektives Recht dazu, und nichts kann und wird ihn daran hindern, Gebrauch davon zu machen. Sache der Menschen ist es, sich in richtiger Weise darauf vorzubereiten, um nicht deren Versuchungen zu erliegen, um ihr in vollem Bewusstsein entgegenzutreten. Also: „So wahr als Luzifer gewandelt hat und Christus gewandelt hat objektiv in einem Menschen, wird Ahriman mit ungeheurer Macht zu irdischer Verstandeskraft auf der Erde wandeln“ [GA 195, 25.12.1919, S. 39].

Über die Zeit, in der dies geschehen wird, sagt Rudolf Steiner folgendes: „[...] ebenso wie es gegeben hat eine fleischliche Inkarnation Luzifers, wie es gegeben hat eine fleischliche Inkarnation des Christus, so wird es, ehe auch nur ein [kleiner – Anm. d. A.] Teil des dritten Jahrtausends der nachchristlichen Zeit abgelaufen sein wird, geben im Westen eine wirkliche Inkarnation Ahrimans: Ahriman im Fleische" [GA 191, 01.11.1919, S. 198].

Man könnte versuchen, das Jahr zu bestimmen, das Rudolf Steiner meint, wenn man die Gesetzmäßigkeit in Betracht zieht, der die Bewegung der ahrimanischen Geister in der Evolution der Welt unterliegt. Diese Evolution wird in all ihren Stufen durchwoben von einem siebengliedrigen Rhythmus, sie geht den Weg der siebengliedrigen Metamorphosen. Die zurückbleibenden ahrimanischen Geister nutzen das sechste Element jener Rhythmen, um zu verhindern, dass sie sich verwirklichen und somit zu ihrem Ziel gelangen (es soll hier nicht ins Detail gegangen werden). So entsteht die Zahl 666. Und mittels dieser Zahl wird der Mensch gelenkt in jene Richtung, die für Ahriman die günstigsten Voraussetzungen für seine künftige Inkarnation im dritten Jahrtausend erwarten lässt.

Im Rhythmus der Zahl 666 bewegt sich Ahriman innerhalb des historischen Prozesses. Rudolf Steiner wies in diesem Zusammenhang hin auf die besondere Bedeutung der Jahre 666 n. Chr., 1332 und 1998. Vermutlich kann man letzteres als das Jahr der Inkarnation Ahrimans ansehen, als das Jahr, da der Leib erschaffen wurde, in den Ahriman hineinkriecht. Dessen Erschaffung aber war offenbar keine einfache Sache – immerhin ist Ahriman der Gott des Todes! Auch Rudolf Steiner spricht davon. In einem Vortrag vom 4. November 1919 weist er hin auf jenes Fachgebiet des technischen Fortschritts, in dem man sich der Erkenntnisse über die Verbindung des Materiellen mit dem menschlichen Geist bedient. „[…] durch gewisse Verwendung dieser Dinge werden gewisse Geheimgesellschaften […] vorbereiten dasjenige, wodurch dann die ahrimanische Inkarnation in der richtigen Weise auf der Erde wird da sein können" [GA 193, S. 196]. Dort hat man es wohl vermocht, die neuesten technischen Möglichkeiten zu verbinden mit den Mitteln der schwarzen Magie, um einen Leib zu erschaffen, der befähigt ist, für eine Anzahl von Jahren die ahrimanische Monade in sich zu tragen (vermutlich sind es drei Jahre?).

So ist es keineswegs unbegründet zu glauben, dass die Inkarnation Ahrimans bereits in vollem Gange ist. Und entsprechend einer Eintragung in einem Notizheft Rudolf Steiners (wir sprachen davon in unserem Buch „Die Weihnachtstagung in geänderter Zeitlage") wird Ahriman im Alter von 18 Jahren sich der Welt offenbaren. Hier ist es wohl richtiger, von 18 Jahren und 7 Monaten zu sprechen, was dem sogenannten „Mondknoten" entspricht. Und damit ergibt sich, dass die Menschheit auf den Sommer des Jahres 2017 vorbereitet sein sollte.

Über die „Ankunft des Antichrist" spricht auch Wladimir Solowjow in den „Drei Gesprächen". Nur bricht bei ihm der Krieg zwischen Ost und West bereits im Vorfeld dieses Ereignisses aus. Wir neigen in dieser Frage der Meinung zu, dass es umgekehrt sein wird. Die Zeit rückt alle Ereignisse an die richtige Stelle. Keine Prophezeiung der Zukunft erfüllt sich bis ins Detail. Zudem waren die hellseherischen Erfahrungen Solowjows doch spontan, nicht gelenkt von seinem Ich, und so können ihnen verschiedener Art Vermengungen und Überlagerungen innewohnen. Mittels der Anthroposophie kann man darüber hypothetische Überlegungen anstellen, ohne selbst über hellseherische Erfahrungen zu verfügen.

Schlussbetrachtung

Jegliche Entwicklung bietet Alternativen. Auch das Szenario, wie wir es gezeichnet haben, kann seine Veränderungen erfahren. Es könnten beispielsweise ökologische Gründe sein oder, wie Brzeziński es ausdrückt, ein „in der Bevölkerung verankerter Widerstand von Menschen", deren politisches Bewusstsein erstarkt. Das Bewusstsein aber, das Selbstbewusstsein ist ein äußerst bedeutender Faktor in der geistigen Welt. Eine besonders günstige Rolle spielt in diesem Zusammenhang die Erkenntnisweise, die der Methode der historischen Symptomatologie folgt. Erkennt man erstmal die Impulse, die von den ahrimanischen Geistern in den Gang der irdischen Geschichte hineingetragen werden, so lautet ein Gesetz, dass man sie – sofern man von diesen Impulsen weiß, sie erkennt, sie in sein Bewusstsein aufnimmt – gewissen Korrekturen zu unterziehen, ihnen eine andere Richtung zu geben vermag.

Während einer Vortragsreihe im Juni 1924 auf dem Anwesen des vermögenden Grundbesitzers Graf Keyserlingk in Koberwitz nahe Breslau (es ging darin um die Möglichkeiten der Erneuerung der Landwirtschaft auf biodynamischer Grundlage) sprach Rudolf Steiner eine Warnung aus, die unmittelbar mit unseren Tagen zu tun hat: „Der wahre Gegensatz liegt nicht zwischen Amerika und Russland, das ist nur Schein. Die wirkliche Auseinandersetzung kommt zwischen China und Amerika. Ob diese über Europa kommen wird oder über den Stillen Ozean, ist die Frage. Europa mag hoffen, dass sie über den Stillen Ozean stattfinden wird."

Gestützt auf all das, was wir in den Betrachtungen dargelegt haben, kann man zu dem Ergebnis kommen, dass in dieser Auseinandersetzung die Entscheidung gefallen ist zugunsten der ersteren Alternative, dass sie also *auf dem Gebiet Europas* ausgetragen werden wird (und damit natürlich in erster

Linie auf dem Gebiet Russlands). In diesem Falle aber haben jene Menschen dieser Welt, die über einen gesunden Menschenverstand verfügen, allen Anlass dazu, mit dem Wissen und dem Verständnis der Vorgänge unablässig Gott und die die Menschheit führenden und behütenden höheren Mächte anzurufen: Möge „dieser Kelch" an Europa vorübergehen!

Diese Wahl ist in ihrem Wesen bedingt durch jenen gigantischen Komplex von Maßnahmen, mit dem die Welt überzogen wird, um die Inkarnation Ahrimans besonders günstig für ihn zu gestalten. Dazu zählen das Gender Mainstreaming ebenso wie die brutale, ganz und gar vulgäre, barbarische Zerstörung der gesamten klassischen Kunst, das monströse Fortschreiten der technischen Entwicklung im Bereich der Elektronik, das eingesetzt wird für die Entwicklung der Psychotronik, und vieles, vieles andere. Alles zusammen enthebt die Menschheit des Sinns ihres Daseins. Und diese Bewegung der Zivilisation beschleunigt sich immer mehr, vergleichbar der Erhöhung der Fließgeschwindigkeit des Niagara-Flusses, je mehr sich seine Wasserfluten den Niagarafällen nähern.

Dennoch gibt es eine Möglichkeit, das rettende Ufer zu erreichen. Die Menschheit hat immer noch eine Chance, ihrem Schicksal die entscheidende, positive Wendung zu geben. Auch Russland hat diese Chance. Wenn aber nichts geschieht außer der Wiederherstellung einer einheitlichen Staatlichkeit innerhalb der Grenzen und des Geistes (die Wortwahl kann hier durchaus variieren) der ehemaligen UdSSR, wenn zudem die sogenannten „polaren" Kräfte des okkulten Bolschewismus an die Macht gelangen (wir sprachen von ihnen in unserem Buch „Anthroposophie auf der Kreuzung der okkult-politischen Bewegungen der Gegenwart"), dann wird Russland diese Chance zwangsläufig verpassen, wie es bereits im Jahr 1914 seine Chance verpasste und Deutschland im Jahr 1919. Dann wird es einen Zweifrontenkrieg führen müssen, der über seine Kräfte gehen wird. Die Neobolschewiken des okkulten

Bolschewismus wären die Meister im Umsetzen jenes Szenarios; es ist ihnen geradezu *auf dem Leib geschneidert.* Und dann „zerrinnt zu Staub das dritte Rom“. Alles wird so geschehen, wie Solowjow es vorhersah: eine vier Millionen Mann starke Armee dringt von Chinesisch-Turkestan aus in unser Zentralasien vor, überschreitet den Ural und überflutet Ost- und Mittelrussland. „Da [...] der Feind an Zahl außerordentlich überlegen war, konnten die russischen Truppen ihre kriegerischen Vorzüge nur in einer wenigstens ehrenvollen Niederlage erweisen“ usw. Die friedliche Bevölkerung – Frauen, Kinder, Alte – werden dann in ein Elend gestürzt werden, das vergleichbar ist dem der Zivilbevölkerung Deutschlands in den Jahren 1944–1945 oder gar darüber hinausgeht.

Wie aber auch der Gang der künftigen Ereignisse sein wird – niemand hat das Recht, sich dem Fatalismus hinzugeben. Denn vom Standpunkt der Ewigkeit aus gesehen liegen die Dinge anders, als wenn man sie aus irdischer Nähe betrachtet. Die Menschheit durchschreitet eine schwierige Phase der Evolution, die sie massiv in Materialismus und Utilitarismus zu stürzen droht. Das ist die Ursache dafür, dass es in Mittel- und in Osteuropa zu chaotischen Zuständen kommt. Denn es sind die Regionen, in denen die spirituelle Zukunft der Menschheit vorbereitet werden soll durch das Hineintragen von Leben und Geist in die heutige materielle Kultur, durch das Bestreben, diese zu vergeistigen. Dies ruft den Widerstand der Kräfte des Niedergangs, des Verfalls, des Zurückbleibens hervor. Und doch gibt es keinen Grund, bei alledem zu verzweifeln. „Man kann gewiß“, so Rudolf Steiner, „nicht ohne den Unterton des Leidens sprechen über dieses Chaos, das über die Mittelländer und über die Länder des Ostens hereingebrochen ist, und das in äußerer Beziehung wenig Aussicht bietet, sich bald irgendwie in eine Harmonie umzugestalten. Aber ein anderes liegt vor. Da, wo dieses Chaos sich ausbreitet, da wird eine Welt sein, die durch den äußeren physischen Plan den Menschen in der nächsten Zukunft möglichst wenig geben wird. Die Segnungen des physischen Planes werden nicht groß sein in den Mittelländern und in den Ostländern. Alles das, was dem Menschen werden kann dadurch, daß er sein Dasein trägt durch äußere Gewalten, das wird nicht viel sein. Der Mensch wird sich im Innern seiner Seele fassen müssen, um festzustehen. Und […] er wird den Entschluß fassen können, zum Geiste hinzugehen, von dem allein das Heil der Zukunft kommen kann“ [GA 186, 21.12.1918, S. 308–309].

April 2014

Post scriptum

Acht Monate sind vergangen, seit diese Essays verfasst wurden, und bislang haben die Ereignisse in der Welt keinen Anlass gegeben, nennenswerte Änderungen an deren Inhalt vorzunehmen. Das sukzessive Einführen relativ milder Sanktionen gegenüber Russland hat nach wie vor zum Ziel, das Land dazu zu bewegen, sich der eigenen Entwicklung zuzuwenden: Industrie und Landwirtschaft wiederherzustellen, natürlich die Bewaffnung voranzutreiben usw. Doch aus irgendeinem Grunde sträubt sich Russland beharrlich, dies zu tun. Viele kluge Dinge werden gesagt, doch darüber hinaus geschieht nichts. Alle warten darauf, dass der Rohölpreis wieder die 100-Dollar-Marke erreicht und überschreitet. Dann wird wieder für alle genug da sein, dann wird sogar für das Gesundheitswesen und die Bildung etwas abfallen. – Und dies ist eine überaus bemerkenswerte Tatsache und gar ein Symptom. Was steckt dahinter?

Wenn man aufmerksam die Entwicklung in der Welt im Zusammenhang mit den Ereignissen in der Ukraine beobachtet, dann wird immer augenfälliger, dass diese Ereignisse in ihrem Wesen den Widerstreit, den schonungslosen Kampf zweier gigantischer Weltmächte darstellen. Eine dieser Mächte bleibt dem oben beschriebenen Szenario treu, dessen Verwirklichung ihr die Weltherrschaft ermöglichen soll. Die andere Macht steht für die Fortsetzung des in der Welt fortschreitenden Prozesses, dessen Eckpunkte sich wie folgt zusammenfassen lassen:

1. die halb gewaltsame Vermischung aller Rassen beharrlich weiter voranzutreiben;
2. die Arbeit an der radikalen Veränderung des Charakters und Typs, sogar Art der menschlichen Persönlichkeit mittels der sexuellen Revolution fortzuführen;

3. den Prozess der Zerstörung der Einheitsstaaten mit Hilfe von „orangen Revolutionen“ fortzusetzen, um in der ganzen Welt ein totales, aber beherrschbares Chaos zu stiften.

Sobald der eine Teil einer solchen Entwicklung überhandnimmt, werden die Völker der Welt in einem den Planeten umspannenden Staat, mit einer diesen Planetenstaat beherrschenden Regierung vereinigt werden. Die Notwendigkeit eines dritten Weltkrieges würde sich in diesem Falle aufheben.

Die Verfechter dieser zwei Globalisierungsprojekte liefern sich in allen Parlamenten, sogar in den Monarchien der Welt, Gefechte, in allen Finanz-, Wirtschafts-, ideologischen und weiteren Strukturen. Die einen wie die anderen haben ihre Wählerschaft, eine Masse bewusster, aber auch unbewusster Anhängern quer durch alle gesellschaftlichen Schichten.

Und wem ist es unter den gegebenen Umständen vergönnt, zu unterscheiden, wer Freund ist und wer Feind des Wohles der Menschheit? Doch kann man hier ein anderes begreifen: dass es zwei Formen des Globalismus gibt und dass die Verwirklichung der einen wie der anderen den Untergang der Menschheitsevolution bedeuten würde. Und so ist es die erstrangige Aufgabe eines jeden Menschen, der sich seinen gesunden Menschenverstand und eine eigenständige Persönlichkeit bewahren konnte, sich der Bewegung der Zivilisation in eine der genannten Richtungen entgegenzustellen. Denn was sind dies für Wege? Was erwartet die Menschheit, wenn sie diese beschreitet?

Die Vision eines davon (des ahrimanischen) findet man im utopischen Roman von Jewgeni Samjatin „Wir“ und von A. Huxley „Brave New World“, die des anderen (luziferischen) in der Utopie von Dmitri Mereschkowski „Das irdische Paradies“.

Dez. 2014

Die methodologischen Werke von G. A. Bondarew

Der dreieinige Mensch des Leibes, der Seele und des Geistes im Lichte der Anthroposophie

Band I - IV

Die charakteristischen Züge der Zivilisationskrise / Evolutionismus und die Logik des imaginativen Denkens / Das "ich" auf dem Weg zum freien Wollen.

Das zwölfgliedrige System der Sinneswahrnehmungen / Die Lemniskate des Sinnensystems / Das Mysterium der Menschwerdung Christi / Drei Wege ins Übersinnliche.

Makrokosmos und Mikrokosmos und der sieben-gliedrige Zyklus der Jahresfeste / Der Raum und der vier-gliedrige Mensch / Das übersinnliche Phänomen der Zeit.

Psychosophie: Drei Leiber und drei Seelen / Christus und die menschliche Seele / Die Dialektik des Seelenlebens / Liebe und Weisheit / Praktische Schluss-betrachtung: Die sieben Stufen der Grundstein-meditation.

Erhältlich beim Lochmann Verlag, info@lochmann-verlag.com, www.lochmann-verlag.com

Die "Philosophie der Freiheit" von Rudolf Steiner als Grundlage der Logik des anschauenden Denkens

In diesem Buch wird der Versuch unternommen, eine systematische Beschreibung der Methodologie, welche der Anthroposophie zugrunde liegt und zugleich ihren Wesenskern bildet, zu geben. Diese Methodologie zeigt, auf welche Weise der moderne, in Begriffen denkende Mensch den Charakter seines Denkens – und folglich auch seines Bewusstseins – qualitativ verändern kann, indem er von der Reflexion zum wahrnehmenden Denken aufsteigt und mit Hilfe der anschauenden Urteilskraft die Ideen unmittelbar in den Objekten wahrnehmen kann, wie Goethe dies zu tun imstande war. Am besten und zugleich am einfachsten sind sowohl Theorie als auch Praxis dieser Methodologie von Rudolf Steiner in seiner „Philosophie der Freiheit“ gegeben. Deshalb wird im vorliegenden Buch eine vollständige Strukturanalyse dieses Werkes, in welchem Rudolf Steiner die Grundlagen seiner Erkenntnistheorie darlegt, entwickelt.

Als Buch zu bestellen oder als freier Download erhältlich auf www.methodosophia.org

Makrokosmos und Mikrokosmos

Band I: Der Monotheismus der Religion des dreieinigen Gottes

Einführung: Bewusstsein und Zivilisation; Teil 1: Die Uroffenbarung und die zwei Aspekte des einigen Gottes. Teil 2: Die Erschaffung der Strutkur der Welt. Teil 3;: Das Tragen des Strukturkreuzes der Evolution. Teil 4: Selbstentwicklung des Menschen. Teil 5: Die Verkörperung der Weltenstruktur im Menschen. Teil 6: Der Herrscher des Alls und die Struktur des Weltgebäudes. Teil 7: Die Struktur des Weltgebäudes und die soziale Struktur.

Als Buch zu bestellen oder als freier Download erhältlich auf www.methodosophia.org

Die Weihnachtstagung in geänderter Zeitlage

Auf der Grundlage seiner methodologischen Studien versucht der Autor das esoterische Geheimnis der Weihnachtstagung zu enträtseln und in diesem Licht einen Ausweg aus der heutigen Krise der anthroposophischen Arbeit zu finden.

Als Buch zu bestellen oder als freier Download erhältlich auf www.methodosophia.org

Die Ereignisse in der Ukraine und ein mögliches Szenario der Zukunft

2. Teil

Bei dieser Schrift handelt es sich um den zweiten Teil der Untersuchung aktueller Ereignisse in der Ukraine auf Grundlage der geschichtlichen Symptomatologie in Anwendung der allgemeinen Methode der anthroposophischen Geisteswissenschaft. Es wird auf geschichtliche, soziale und politische Zusammenhänge hingewiesen, die in der vorherrschenden öffentlichen Diskussion kaum beachtet und besprochen werden, die jedoch beachtenswerte neue Perspektiven ergeben.

Erhältlich in allen Buchhandlungen. ***ISBN 978-3-7386-1206-6 € 12.-***